# SCIENCE

XUE >>>

## KEPU BAIJIA JIANGTAN

普及科学知识，拓宽阅读视野，激发探索精神，培养科学热情。

# 科技 改变世界

本书收集大量科普知识，汇集大量精美插图，为你展现一个神奇的科学世界，让你体会发现之旅是多么令人神往！

吉林出版集团
北方妇女儿童出版社

**图书在版编目(CIP)数据**

科技改变世界 / 李慕南,姜忠喆主编. —长春：
北方妇女儿童出版社,2012.5 (2021.4重印)
(青少年爱科学.科普百家讲坛)
ISBN 978 - 7 - 5385 - 6337 - 5

Ⅰ.①科… Ⅱ.①李… ②姜… Ⅲ.①科学技术 – 青
年读物②科学技术 – 少年读物 Ⅳ.①N49

中国版本图书馆 CIP 数据核字(2012)第 061730 号

## 科技改变世界

出 版 人　李文学
主　　编　李慕南　姜忠喆
责任编辑　赵　凯
装帧设计　王　萍
出版发行　北方妇女儿童出版社
地　　址　长春市人民大街 4646 号 邮编 130021
　　　　　电话 0431 – 85662027
印　　刷　北京海德伟业印务有限公司
开　　本　690mm × 960mm　1/16
印　　张　12
字　　数　198 千字
版　　次　2012 年 5 月第 1 版
印　　次　2021 年 4 月第 2 次印刷
书　　号　ISBN 978 – 7 – 5385 – 6337 – 5
定　　价　27.80 元

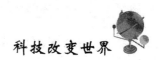

# 前　　言

科学是人类进步的第一推动力,而科学知识的普及则是实现这一推动力的必由之路。在新的时代,社会的进步、科技的发展、人们生活水平的不断提高,为我们青少年的科普教育提供了新的契机。抓住这个契机,大力普及科学知识,传播科学精神,提高青少年的科学素质,是我们全社会的重要课题。

**一、丛书宗旨**

普及科学知识,拓宽阅读视野,激发探索精神,培养科学热情。

科学教育,是提高青少年素质的重要因素,是现代教育的核心,这不仅能使青少年获得生活和未来所需的知识与技能,更重要的是能使青少年获得科学思想、科学精神、科学态度及科学方法的熏陶和培养。

科学教育,让广大青少年树立这样一个牢固的信念:科学总是在寻求、发现和了解世界的新现象,研究和掌握新规律,它是创造性的,它又是在不懈地追求真理,需要我们不断地努力奋斗。

在新的世纪,随着高科技领域新技术的不断发展,为我们的科普教育提供了一个广阔的天地。纵观人类文明史的发展,科学技术的每一次重大突破,都会引起生产力的深刻变革和人类社会的巨大进步。随着科学技术日益渗透于经济发展和社会生活的各个领域,成为推动现代社会发展的最活跃因素,并且成为现代社会进步的决定性力量。发达国家经济的增长点、现代化的战争、通讯传媒事业的日益发达,处处都体现出高科技的威力,同时也迅速地改变着人们的传统观念,使得人们对于科学知识充满了强烈渴求。

基于以上原因,我们组织编写了这套《青少年爱科学》。

《青少年爱科学》从不同视角,多侧面、多层次、全方位地介绍了科普各领域的基础知识,具有很强的系统性、知识性,能够启迪思考,增加知识和开阔视野,激发青少年读者关心世界和热爱科学,培养青少年的探索和创新精神,让青少年读者不仅能够看到科学研究的轨迹与前沿,更能激发青少年读者的科学热情。

**二、本辑综述**

《青少年爱科学》拟定分为多辑陆续分批推出,此为第五辑《科普百家讲坛》,以"解读科学,畅想科学"为立足点,共分为 10 册,分别为:

1.《向科技大奖冲击》

2.《当他们年轻时》

3.《获得诺贝尔奖的科学家们》

4.《科学家是怎样思考的》

5.《科学家是怎样学习的》

6.《尖端科技连连看》

7.《未来科技走向何方》

8.《科技改变世界》

9.《保护地球》

10.《向未来出发》

**三、本书简介**

本册《最有趣的课堂科学》讲述了与中小学生密切相关的各个学科的故事。化学、物理、生物、数学……答案尽在书中。

本套丛书将科学与知识结合起来,大到天文地理,小到生活琐事,都能告诉我们一个科学的道理,具有很强的可读性、启发性和知识性,是我们广大读者了解科技、增长知识、开阔视野、提高素质、激发探索和启迪智慧的良好科普读物,也是各级图书馆珍藏的最佳版本。

本丛书编纂出版,得到许多领导同志和前辈的关怀支持。同时,我们在编写过程中还程度不同地参阅吸收了有关方面提供的资料。在此,谨向所有关心和支持本书出版的领导、同志一并表示谢意。

由于时间短、经验少,本书在编写等方面可能有不足和错误,衷心希望各界读者批评指正。

本书编委会

2012 年 4 月

# 目　　录

## 一、最有趣的化学

## 二、最有趣的物理

## 三、最有趣的数学

# 一、最有趣的化学

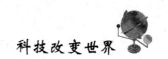

# 鸡蛋里的秘密

第一次世界大战期间，法国索姆的一部分被德国占领，被分成两半。同一城市的居民被分界线隔开，但来往依旧。战斗停止的间歇里，德占区和法占区的居民纷纷越过分界线，探望另一边的朋友和亲戚。

在这些来往的人们中，有一个妇女引起了反间谍人员的注意。她几乎每天都要穿过分界线，从德占区走到法占区去看望她的弟弟。由于她穿越分界线的次数过于频繁，以至防线的守护人员都认识她。法国人对她这样频繁来往于两方感到不解，怀疑她抱有其他目的。

但是，法国反间谍人员找不出她有任何破绽。每一次经过防线接受检查时，找不出一点儿可疑之处。她同一般的妇女一样，总是携带一些诸如鸡蛋、面包或者针线一类的生活必需品。到法占区的弟弟家后，她也不呆很长时间就离开。总之，她与所有穿越分界线的居民别无两样，不像抱有特殊目的的危险人物。

但是，老练的法国反间谍人员始终不敢放松对她的警惕。

一天，她又像往常一样从法占区弟弟的家返回，提着篮子来到分界线的检查站。一位反间谍人员上前检查。由于常来常往，两个人已经很熟悉了。反间谍人员边与她说话，边检查篮子里的东西。

篮子里仍然同往常一样装满了食品：一大堆熟鸡蛋和八大块面包。法国人漫不经心地问这妇女一些诸如气候等日常的问题，手却在不停地摆弄篮子里的东西，而眼睛则注视着妇女的表情有什么变化。

他从篮子里拿起一只鸡蛋，摆弄半天，随手往上一抛然后用手接住，这样一个并非有意的小游戏，却使这个妇女的表情有些异样。

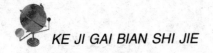
　　机敏的法国人看到了这一点儿，于是他继续抛鸡蛋。鸡蛋被抛得越来越高，似乎一不小心就可能摔得粉碎。旁边的人都对这个检查人员大感不解。

　　法国检查人员看到，鸡蛋抛得越高，这个妇女越紧张。她满脸通红，神色慌张。莫非这鸡蛋中有什么名堂？

　　他停下来仔细检查鸡蛋，但找不出破绽，蛋壳上没有任何记号。但这个妇女何至于这样慌乱呢？

　　他于是把这些熟鸡蛋敲开，小心地剥去蛋壳，在一个鸡蛋的蛋白上，发现了许多很小的符号和字！

　　经放大和破译之后才知道，蛋白上的符号和字迹，标出了法军各支部队的驻扎区域，法军的全部防线都在这一个鸡蛋内。

　　试想，蛋内有字，鸡蛋壳上却什么也看不出来，这是什么道理呢？原来，这是德国人的一个发明：用醋酸在蛋壳上写字，等醋酸干后再煮鸡蛋，这些字就会被吸收，并穿过蛋壳印在煮熟的蛋白上，而蛋壳上却不会留下任何痕迹，即使是在显微镜下也看不出来。

　　可是机敏的法国人却通过察言观色，看出了那妇女的反常表情，识破这一计谋。那个妇女后来以间谍罪被处死。

# 电子警犬

众所周知，犬是以嗅觉异常灵敏而著称的。它能感觉到并区别200万种以上不同物质发出的不同浓度的气味，并可以根据气味找到所需要的东西，其嗅觉敏感度几乎达到分子水平。因此，人们根据它的特性给它安排了适当的"工作"——放牧（牧犬）、捕猎（猎犬）、侦缉（警犬）、探矿（探矿犬）等。犬，尽管为人们做了许多事情，但由于繁重的饲养、管理，也给人们带来不少的麻烦，有时还会给人闯出祸来。因此，科学家们根据犬鼻子的构造、功能原理，研制成功了"电子警犬"。

"电子警犬"是由特殊的紫外灯和一种特定的灵敏度高的检验器组成。由于各种物质的气体对紫外线的吸收作用不同，而产生选择性反应。当某种物质的气体进入检验器与紫外灯之间时，由于这种气体吸收了紫外灯发射的一部分紫外线，使检验器所接收的能量相应减少，当气体达到一定浓度时，就发出警报——嘟嘟嘟的信号，人们就可以根据"报告"的情况，进行分析综合，得出结论。

"电子警犬"在气味的灵敏度上已达到犬鼻子的水平，有的甚至超过犬嗅觉灵敏度的1000倍。目前主要用于化学纯化工厂和煤矿，监测毒气、瓦斯，及时报警，保证工人生命安全。也用于手术室、仓库、汽油库和工厂区进行气味检测，并且用来代替警犬进行侦缉工作，或分析潜水艇、高空飞机、宇宙飞船等里面的气体。

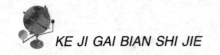

# 香槟的由来

含二氧化碳气体的葡萄酒叫做"香槟"。香槟也是一个地名，位于巴黎东面。

关于"香槟"的由来，有这样一个传说：三百多年前，法国香槟省莱姆斯城的教堂里，有位教士叫佩里尼翁，曾用多种配料调制葡萄酒，味道都不好。后来，他将掺杂的葡萄酒装在瓶内，用软木塞封起来，送进地窖。谁知过了冬天，奇迹出现了：酒产生的气体竟将软木塞爆了出来，一股醉人的酒香扑鼻而来。把酒倒在杯里，发现酒色变清澈了，无数金黄色的小泡沫跳来跳去。教士喝了一口，不禁叫起来："天使下凡了，在酒中撒满了星星！"于是，那以当地地名命名的香槟酒，便名扬世界。

这个传说，正应了酒城的一句名言：酒是酿造师的孩子。可见，有了优秀的酿造师，才能造出好酒来。当然，不同地区的葡萄酒，因气候、土壤、果型、制法各不相同，风味也就不同了。

在一百多年前的马恩河谷的香槟地区，地势平坦，气候温暖，当地人专门在那里栽种特甜葡萄，并在省会夏龙市建立了酿酒工业体系。这里出产的葡萄酒，味甜醇美，同保持传统的工艺有关。例如，用机器压榨葡萄，力大了容易压碎籽粒，力小了榨不出

汁，而且味道不醇，酒色含黑点。因此，香槟地区仍以脚踩的方法压榨葡萄制酒为主。

收获季节，青年男女赤足跳进葡萄榨房内，随着乐曲声起，在葡萄堆里，欢乐地蹦跳踏步，在欢歌酣舞中完成榨汁工作。用传统方法酿出的酒，像丝绸般光滑，油脂般柔腻，味醇芳香。

法国政府规定：只有原料取自香槟地区，含酒精 11～13 度，富含糖质，味道芳香的，才准许定名为"香槟酒"。

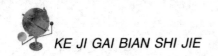
# 麻醉的原理

也许你看过电视连续剧《三国演义》，剧中有一组华佗为关羽刮骨疗毒的镜头，由于在刮毒时没有使用麻醉药，致使关羽两眉紧锁，牙关紧咬。这可能是作者有意刻画关羽的英雄形象吧，因为据历史记载，那时华佗已掌握了一种称为麻沸散的麻醉药，既然如此，他怎么能不给关羽服用呢？

现代麻醉药的使用是从乙醚开始的，它是 1846 年由美国医生威廉·摩顿首先使用的。乙醚麻醉的成功，为医生实施手术治疗铺平了道路。

至今，历史前进了一个多世纪，麻醉手术治疗已成了司空见惯的事，普通医院都能实施。

所谓麻醉，即在外科手术或诊断性检查时，为了解除病人的疼痛，并使肌肉适当松弛，以利于手术或检查所采用的方法。

麻醉多数是利用化学药物抑制中枢神经或局部神经，使病人对外来刺激不产生感觉和反应。常见的麻醉药有普鲁卡因、氯仿、笑气、环丙烷、乙醚、联乙烯醚等。

人们在研究麻醉药物的过程中，发现这众多药物虽然组成结构不相同，但它们的介电常数（表示分子极性大小的常数）却很相近，都易溶于脂肪。显然，药物的麻醉作用，可能与它们所具有的这些共性有关。

基于对麻醉药物性质的上述分析，有人提出麻醉剂之所以能使人麻醉，失去知觉感觉不到疼痛，可能是麻醉剂溶于神经细胞的脂肪中，阻挡了疼痛信号向大脑传递，使人感觉不到疼痛。因为，据有关研究证明，疼痛实际上是在大脑支配下，一些化学物质如钾离子、氢离子、组织胺、缓激肽等，作用于痛觉感受器的结果。

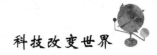

不过，这种理论也受到了严重的挑战，因为它对麻醉作用都有一定的时效性这一实际情况，难以做出解释。既然过了一段时间后麻醉剂就不起作用了，那怀疑者们不禁要问：麻醉剂在神经细胞中，不可能一会儿溶解，一会儿又不溶解了吧？

另外，也有人认为，麻醉剂之所以能使人失去痛觉，可能与它阻碍输氧、影响新陈代谢的进行有关。这种理论更令人怀疑，如果真的大脑供氧不足，对人会有致命的危险。

不仅药物能使人麻醉，针灸也有麻醉作用。针刺麻醉是我国医务人员1958年创造出来的。人们惊奇地发现，只要针灸师将几根小小的银针扎到病人的有关穴位上，外科医生就可以顺利地进行手术，这时病人竟然毫无疼痛之感，这真是一大奇迹！

显然，不能用药物麻醉剂阻断信号传递的理论来解释针刺麻醉，因为银针不可能把传递刺激信号的神经完全阻断。对此，有人提出分泌镇痛剂的理论加以解释。这种理论认为，当人体上的穴位受到银针刺激后，神经组织就会发出分泌内啡肽的信号，内啡肽很快被分泌出来。内啡肽是一种很好的镇痛剂，会使人失去痛觉。当然，去掉银针后，内啡肽的分泌减少了，人也就恢复了痛觉。

然而，上述理论也很不成熟，例如有人试验，针刺麻醉有一定的局限性，对有些人效果很好，而对有的人则基本无效。难道无效的人受到针刺后，就不分泌镇痛剂了吗？对此，实在令人费解。

# 生命之气

地球上的动物进行呼吸，吸进的是氧气，呼出的是二氧化碳。氧气是我们生命必不可少的气体，被我们吸进之后，进入血液，血红蛋白就会与这些氧气结合，通过血液循环，把氧气带到全身各个组织器官里，来维持人体的一切正常生理活动。我们要是在没有氧气的空气里，一分钟也不能生存。

在我们生存的空间里，空气成分如果按体积算，氧气占21%，氮气占78%，惰性气体占0.94%，二氧化碳占0.03%，其他气体和杂质占0.03%，所以空气是一种混合物。

由于植物的光合作用，吸收二氧化碳，放出氧气，供给其他生物呼吸，所以地球上只要绿色植被不被破坏，生态平衡不被破坏，生物的生命之气——氧气就永远不会用完。

一般情况下，燃烧和呼吸只需要空气就行了，只有在特殊情况下才需要纯净的氧气。

氧气除了供给生物的呼吸之外，还有很重要的作用呢！比如，在钢铁工业上，把氧气或添加了氧气的空气通过鼓风机送到炼钢炉中，可提高炉子的温度，加速冶炼过程。乙炔在氧气里燃烧，产生的温度可达3000度以上。可用来焊接或切割金属。还可以用氧气制作炸药或作火箭推进剂。医院里抢救病人、高空飞行员及一切从事缺氧作业的人员都需要携带氧气设备。

8世纪时，我国古代一个叫毛华的人在其著作中，谈到大气是由阴阳两部分组成的。他认为水中也有阴气，它和阳气紧密地混合在一起，很难分解。后人认为毛华所说的阴气就是我们今天所说的氧气。

17世纪时，荷兰化学家德莱贝尔，用加热硝石制作过氧气，但他对这种

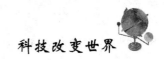

气体的性质没有进行研究。18世纪时，一个叫舍勒的瑞典人，他出身贫苦，在药房里当学徒。他利用工余时间，做了一系列实验，分离出了"大气"，也就是氧气。直到1777年，他的论著《论火与空气》一书才公布于世。

英国的化学家普利斯特里，用二氧化锰与浓硫酸加热时，生成硫酸亚锰、水及氧气。但由于当时受燃素学说的影响，未能对氧气作出正确的解释。

在1774年，普利斯特里把氧化汞放在玻璃器皿中，用聚光镜加热，分解并放出气体。他用水上集气法把这些气体收集起来，并对这些气体进行研究。他把蜡烛放在这些气体里，蜡烛燃烧得更快了。他把小老鼠放在这种气体里，发现老鼠比在等体积的普通空气中存活时间长了四倍。于是，他亲自尝试了一下，觉得吸入这种气体后，感到非常舒畅。但是由于他认为空气是单一的气体，没能对这种气体作出科学的评价。

不久，法国化学家拉瓦锡了解到了普利斯特里的试验，拉瓦锡马上重复了他的试验。从氧化汞中分解出这种能助燃，助呼吸的气体，称之为"纯空气"，直到1777年，正式把它命名为氧气。

拉瓦锡在前人及同代人工作的基础上，特别在关键时刻得到普利斯特里的帮助，经过大量的实验工作，对氧气作出了科学的分析和判断。尤其是水的合成和分解试验取得成功，氧学说才被举世公认了，所以拉瓦锡被誉为"真正发现氧气的人"。

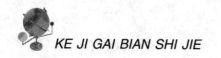
# 世界上最值钱的鼻子

如果说，法国是香水王国，那么格拉斯就是法国"香水之都"了。格拉斯是座名副其实的香城，从原野到村庄，从商店到居民区，到处都散发出一股淡淡的香味。

格拉斯位于法国地中海沿岸的尼斯城西南三十多千米处。在整个阿尔卑斯山坡上，漫山遍野长满了奇花异草。紫色的熏衣草，黄色的含羞草，红色的石竹、玫瑰，再加上各种艳丽的花草，真是万紫千红，山花烂漫。

在格拉斯，许多较大的香水工厂都设有实验室和门市部，供游客参观、选购。商店里，格拉斯的香水琳琅满目，价格便宜，人们可以任意选购。

格拉斯有座香水博物馆，里面陈列着最古老厂牌的香水，还有近十年来流行的香水。馆里还展出与香水产销发展有关的实物，十分别致。

巴黎香水风靡世界，许多原料都来自格拉斯。它为巴黎这座美丽的城市增添了魅力，也使巴黎人的生活更加艳丽多彩。

驰名世界的巴黎香水可以分成三大类：女用、男用和混合型。每类中又可分为3种：香水精、淡香水和古龙水。香水商标五花八门，成百上千，其中最著名的有姬仙蒂婀、伊夫、范芳、妮娜、圣诺朗、莎纳勒、娇兰、赛拉维等十多种。

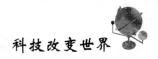

香水工厂生产的名牌产品，都是由高级香水技师调配的，他们有灵敏的嗅觉，对各种香气有着特殊的鉴别能力，被誉为"香水鼻子"。

实验室里的设备很简单：一架精密的天平和三千多个装有各种各样香料的小瓶。香水鼻子根据用户的特殊要求或对未来香型发展的趋势的特殊敏感，靠鼻子的灵敏嗅觉，在一排排香料瓶中嗅来嗅去，经过反复调试，最后选定数种或数十种香料，巧妙地配制成一种新产品或一种特制品。

世界上最著名的"香水鼻子"名叫阿费利翁，由于他的天赋和勤奋，获得了卓越的成就。他曾为英国戴安娜王妃配制同她的深蓝色晚礼服相配的香水、为西班牙王后索菲亚特制了用于国事访问的柔和香水、为美国女富豪伊瓦娜·特朗普配制了价值特别昂贵的香水等一些因人而异的香水。人们称他的鼻子为"世界上最值钱的鼻子"。

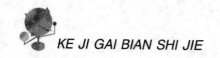

# 嗅觉的奥秘

诗人王冕在咏梅的佳作中曾写道："冰雪林中著此身，不同桃李混芳尘。忽然一夜清香发，散作乾坤万里春。"在此，我们不是要研究此诗写得如何高超绝妙，而是要探索人是怎样闻到梅花所散发出的诱人的清香的。

我们知道，人人都长有一个鼻子。鼻子不仅用于呼吸，还能辨别各种气味：不论是扑鼻的梅花清香，还是臭不可闻的硫化氢刺激，鼻子都能灵敏地感觉出来。

谈到嗅觉，虽然我们能够辨别香、臭、甜、酸、苦、辣、霉……各种气味，但和许多动物相比，人的嗅觉并不算太高明。苍蝇与狗的嗅觉都相当灵敏，要比人强许多倍。苍蝇能在几千米外嗅到极为微弱的气味，有灵敏嗅觉的警犬可以在公安、军事、救护等方面充当"侦察兵"。

那么，人和动物究竟为什么能闻到各种气味？气味与化学有什么联系？苍蝇和狗的鼻子为什么比人的鼻子还灵？这些问题，长期以来使人感到迷惑不解。虽然有许多人对此进行过研究，也提出过许多学说来解释，但至今仍是莫测高深。

很早以前，聪慧的古希腊哲人们曾对嗅觉做过解释，认为鼻子里存在有网眼的粘膜，气体分子只要能钻进去，人就可以感到气味。显然，这只是一种主观想象，没有任何事实作依据。

不过，上述假想似乎在以后人们研究苍蝇的嗅觉中得到了些证明。科学家在解剖苍蝇的嗅觉器官时，发现其嗅觉细胞的细胞膜有着渗透离子的功能。此膜很薄很薄，膜内裹有钾离子，膜外有钠离子，这样可以形成微弱的电位差。当此膜受到外界气味刺激时，膜就自动破裂，并产生微弱的电流信号，使苍蝇能立即嗅到气味。然而，对于哪些物质能引起电流信号，又是怎样引起电流信号的，则不清楚。

经过长期的研究，人们发现，对物质的气味辨别，不仅与嗅觉器官有关，也与物质的化学组成、化学结构、溶解状况、分子量的大小等有关。例如，由碳、氢、氧3种元素组成的有机酸，分子中一般都含有叫做"羧基"的基团，所以一般都有酸味，如醋酸、柠檬酸等；酯类物质一般都具有浓郁的香味，如乙酸异戊酯有香蕉味，异戊酸异戊酯有苹果香味……也就是说，气味是由化学物质微粒造成的，它能在空气中散发飘逸。

进入20世纪后，苏格兰的科学家蒙克里夫把嗅觉器官的结构和气体分子的结构结合起来，来认识嗅觉问题，并于1949年提出了一种气体立体化学理论。所谓立体化学是指物质分子在空间都有一定的形状，例如常见的甲烷（$CH_4$）分子是正四面体。分子形状如同我们常见的物体那样，多种多样，千姿百态，有球形、船形、椅形等。

气体立体化学理论认为，在人和动物的鼻子中有感觉灵敏的鼻窦，在鼻窦的细胞中有专门接受外界气体分子的受体，受体也是一种分子。只有当外界气体分子和鼻窦受体分子像模具和模型那样相互吻合、并发生生理反应时，产生的信号刺激大脑，才能使人闻到气味；如果外界气体分子和鼻窦受体分子不吻合、不反应，人就闻不到气味。例如，樟脑分子是球形，而鼻子中受体分子是碗形，两者吻合，所以人才能闻到樟脑味。后来，英国的阿尔莫对此理论做了进一步完善，提出了一个较为完整的嗅觉化学机制，但两者大同小异，观点基本相同。

不过，这种理论也遇到了一些新的挑战。例如，有的化学物质结构不同，却有相同气味；有的物质结构非常相似，却具有不同的气味；也有的一种物质却具有两种气味……这些问题用上述理论都难以解释。

现在，人类对嗅觉的认识在步步深入，也在步步接近真理，但还有许多问题至今仍不清楚。例如：

（1）鼻子依靠什么物质将气味信息传入大脑？这些物质又是怎样工作的？

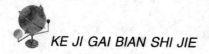

（2）有的科学家还发现，气味不仅与分子的形状有关，而且还与分子电荷有关，嗅觉的真实机理究竟是什么？

（3）科学实验已经证明，气味与人的记忆和情绪密切相关，例如熏衣草味能使人兴奋，薄荷香味能使人消除疲劳，这又是为什么？

有的化学家说得好，"气味是精神的调节剂"，"香味是瓶装的心理学"。一门新科学——香味学，正在悄然兴起。但愿"香味学"能像王冕的诗描写的那样，早日"散作乾坤万里春"。

# 哑泉之谜

长篇小说《三国演义》中，曾有描述诸葛亮南征第五次擒获孟获的故事。故事中说：孟获和他的弟弟孟优逃到秃龙洞讨救兵时，秃龙洞洞主朵思大王向他们兄弟俩夸口说："你们不必动用一兵一卒，我附近那四口毒泉，到时就可以使百万蜀兵有来无回。"接着朵思便诉说起那四口毒泉来：第一泉名叫哑泉，水味甘甜，人饮后话语不清，几天以后便会中毒身亡；第二泉名叫灭泉，水呈汤状，若用泉水洗澡，皮肉就会腐烂，致人身亡；第三泉名叫黑泉，水清而且深，水花溅到身上，就会全身中毒，变黑身亡；第四泉名叫柔泉，水冷如冰，人饮后浑身发冷无力而窒息身亡。蜀兵到来后，四周围都没有饮用水，必定到这四口泉来饮用。

果然如此，蜀军先锋王平率领几百名军士前阵探路，天气闷热，人马争着饮用第一泉——哑泉水。等他们回到大营，一个个只会指着嘴巴，张口结舌说不出话来。诸葛亮知道后，便亲自来到哑泉边，想看个究竟。到了泉边后，只见清水一潭，深不见底，水气凛凛。诸葛亮下车，登高望去，见四面群山遍岭，不见人烟，也不见鸟儿，心中很是不安。后来，幸亏有神灵指点，找到山林深处一位叫万安隐者的。隐者叫童子引王平等一队哑军先饮草庵后的安乐泉，饮后不久，这队哑军个个吐出恶涎，随后也能够说话了。隐者又告诫诸葛亮，这里还有三口毒泉，切不可饮，但是，如掘地为泉的则尽管饮用。于是蜀军安然无恙，安全行军到秃龙洞前，五擒孟获。

尽管《三国演义》是文学小说，许多人物和情节都是根据某些传说人物虚构的，但是，其中所涉及的大量天文、地理、气象等自然科学知识，并非随意杜撰的。诸葛亮南征的故事发生在云南境内，而云南处在"三江多金属

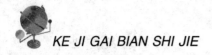

成矿带"的主体位置上，境内遍布大小铜矿，著名的东川铜矿自东汉起就开始开采。小说中的哑泉，很可能就是一种俗称胆水的含铜盐的泉水，即硫酸铜（胆矾）的水溶液。云南铜矿多为铜的硫化物矿床，如黄铜矿等，这类矿石中的铜不会溶于水，怎么能够变成铜溶液呢？这主要是几种微生物的功劳，如氧化硫杆菌、氧化铁硫杆菌、氧化铁杆菌等。黄铜矿往往与黄铁矿以及其他金属硫化物矿石共生，这几种微生物就生活在低含量无机盐弱酸性矿水中。在其自养过程中，专吃矿中的硫化物和低价铁，变成硫酸铁和硫酸。形成的这种酸性菌液，对矿石中的铜或其他金属又有氧化、分解和溶解等作用，于是，把本来不溶入水的铜转化成硫酸铜（胆矾），溶于水中即成了胆水。饮用胆水后引起的铜盐中毒病状是：呕吐、恶心、腹泻、言语不清，最后虚脱、痉挛而死，与小说中饮哑泉水后的症状相似。胆水解毒最简单的方法是渗进大量石灰水，两者反应生成不溶于水的氢氧化铜和硫酸钙沉淀，剩下的是解除了毒性的清水。估计拯救诸葛亮部下性命的安乐泉，就是一种碱性水，能使铜盐产生不溶性沉淀物。哑军饮了此泉就等于清洗了肠胃，减轻了中毒症状。其他三泉也非乌虚，其中也有一定科学依据。

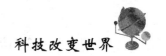

# 李白斗酒诗百篇

据说唐朝天宝初年春的一天，唐玄宗与杨贵妃在兴庆宫香亭畔观赏牡丹。可是，看着看着，唐玄宗似乎觉得有些缺憾，原来是牡丹虽好，没有音乐相伴，便命著名乐师李龟年等奏乐，以歌舞助兴。乐师们难得看到皇上如此高兴，连忙卖力地吹奏起来，没想到，刚唱几句，皇帝脸上即露出不悦之色，命令立即停止演奏，会看皇帝脸色行事的得宠太监高力士马上到玄宗面前询问缘由。原来是乐师们的歌和曲都是一些旧歌陈曲、陈词滥调，皇帝听了不但没有高兴，反而觉得心烦。高力士立刻向皇帝建议："皇上，要想听新词，何不召那李白进宫当场作词以助雅兴。"玄宗一听，龙心大悦，说道："正合朕意，李龟年，朕命你速召李白进宫，填新词再唱。"

于是，李龟年急急忙忙上马出宫找李白，左打右探，才知道李白正在长安街上的一家酒楼中饮酒。可是，当他赶到酒楼一看，李白已经喝得烂醉，这可如何是好。不过皇帝的话是必须遵从的，皇帝要召李白进宫，不去不行。最后，李龟年决定先把他用马驮回去再说。

在皇宫中，李白醒来后，玄宗对他说："李爱卿，今日牡丹盛开，朕与爱妃在此赏玩，不想再听那些陈词滥调，故唤你前来作新词。"李白听了，对皇帝说："回皇上，要我作词不难，请先赐酒。"杨贵妃在旁听了不禁关切地问："李爱卿，你刚刚酒醒，再喝醉了，那可如何是好？"李白躬身答道："回贵妃，臣是斗酒诗百篇，醉后诗兴方如泉。"玄宗听了不禁笑道："既然如此，快把西域上贡的上品葡萄酒拿上来，供李爱卿一醉方休！"杨贵妃也在旁说道："李爱卿，让我用这九宝杯为您斟酒，以助酒兴。"于是，亲自倒上满满一杯葡萄美酒赐予李白。李白接过美酒，一饮而尽，紧接着又连饮数杯，才

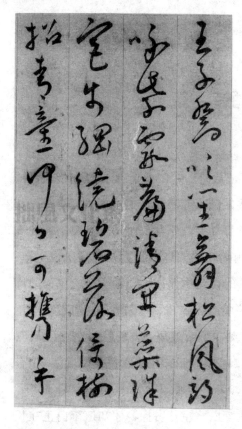

感到微微入醉，飘飘欲仙，趋此佳态，立即挥笔写了三首著名的《清平调》。

唐玄宗看了这三首《清平调》，十分欢喜，即刻命乐工演唱，并且亲自吹着玉笛伴奏。这个脍炙人口的故事在民间流传了几百年。可李白醉酒写好诗的谜底，却在近代才揭开。

原来酒中含的酒精能使含有脂肪的蛋白质的脑细胞产生物理变化，人长期大量饮酒，会使脑细胞膜硬化，这种病态，要靠喝酒才能暂时恢复正常。

李白长期嗜酒如命，是尽人皆知的，无疑是患上了慢性的酒精中毒症。平常他的脑细胞膜处于硬化状态，吟诗显得困难，必须喝上一定数量的酒，以使脑细胞膜暂时恢复正常，才能够思维敏捷，诗如泉涌，写出好诗来。所以郭沫若老先生曾这样评价李白，当李白醉了的时候，是他最清醒的时候，当他没有醉的时候，是他最糊涂的时候。

值得一提的是，我国唐代还不会酿制酒精含量很高的酒，一般喝的都是用糯米或黄米酿造的米酒，相当于现代的糟酒，酒精度很低，因此李白才能饮斗酒，敢说"百年三万六千日，一日须饮三百杯"。要是今天的60度白酒，莫说1天喝300杯，恐怕30杯也饮不下啊！

# 妙断毒针案

瓦特是一位赫赫有名的人物，一提起他，几乎人人都知道他是一位大发明家，发明过蒸汽机的。然而，他还充当过侦探，破获过一起凶杀案，知道这方面情况的人怕不会太多。

那是在一年的冬天，英国格拉斯哥大学的里斯德教授把瓦特请到他的研究所办公室，他们寒暄几句后，教授便把话题转到正题上来。他说："瓦特先生，我今天特地请你来，是想请你帮我一个忙。我试制的一部机器的设计图纸，昨天发现已被人偷拍过。这部机器精密度相当高，其中有一些零部件的制造是偷拍者难以胜任的，你的手艺精湛，偷拍的人日后一定会来求你帮助解决的，到那时，请你……"

老教授说到这里，他的助手端着两杯咖啡推门走了进来。教授一看，立即中止谈话。

助手放好咖啡后没有说什么就出去了，稍后又提了一只水壶进来，把它放在火炉上，然后又往火炉里添加一些木炭，临走时还很有礼貌地对瓦特说："瓦特先生，咖啡已不大热，请趁热喝了！"说着，便顺手把门关上走了。

老教授听清他的助手已走远了，便站起来走到房门前，小心翼翼地用钥匙把门反锁上。回到座位坐下后，小声地对瓦特说："这样，再也不会有人进来打扰我们了。现在，我连自己的助手也难以信任。"

老教授呷了一口咖啡后，向瓦特详细介绍机器设计图纸被偷拍的经过，并要求瓦特如果有人拿这一设计图来请教时，立即告诉他。

瓦特边听边喝咖啡。不知怎的，他渐渐地感到头晕、乏力。

"一定是咖啡里放了安眠药。"聪慧而机智的瓦特马上意识到是有人搞的

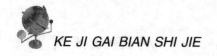

阴谋，但是，为时已迟。再过了片刻，瓦特觉得浑身麻木，便昏昏沉沉地靠在沙发上睡着了。

等到瓦特醒来时，他连喊了几声老教授的名字，可是，总叫不醒。瓦特站起来一看，老教授已倒在沙发上死去了，舌头伸在嘴外，两眼睁得大大的。再仔细一看，发现老教授的颈上扎着一枚约5厘米、带有软木塞的针。这针分明是枚毒针，致使教授在短短的时间内死去。

这时瓦特已完全清醒了，他细细一想，这件凶杀案完全是预谋的，于是他决定不惊动任何人，亲自侦察破案。他想，在咖啡里投放安眠药，可能是教授的助手所为。可教授颈上的毒针又是谁扎的呢？他从查看房间的环境入手，看了看办公室的门，门仍然关着，老教授的钥匙原样插在锁眼里，显然，从教授的助手提来水壶后，就再也没有人进来过。再看看四周的所有窗户，也都全部紧闭着，办公室成了全封闭的了，毒针从办公室外面投射进来也是不可能的。瓦特搓着双手，在房间里踱来踱去，苦苦地想着。一会儿他望望天花板，一会儿又看看地板，都没有发现可疑的地方。后来他把眼睛落在那直冒着蒸汽的水壶上。凭借职业的本能，他明白了，终于悟出了是教授的助手运用蒸汽的原理干的。教授的助手先把插有毒针的软木塞轻轻塞在水壶嘴上，然后放在火炉上，壶嘴正对着教授所坐的位置和他颈子的高度。当水壶里的水烧开后，壶内的蒸汽压力不断增加，到了一定程度时，软木塞带针迅速飞出，毒针便有力地扎在教授的颈上。

瓦特把自己侦查的初步结论报告了警方。经过警方进一步的侦查和对教授的助手的审讯，证实了瓦特的结论，案件终于破获。原来，教授的设计图纸是他的助手偷拍的，而后又怕教授追查，妄图独占这项发明的专利权，才制造了这一毒针案。

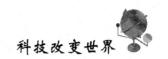

# 钻石疑案

相传，在 18 世纪的法国巴黎，曾发生过这样一件事：

在巴黎市中心开设有一家珠宝行。珠宝行老板是一位年过花甲的老人，名叫"考尔比"。考尔比经营这家商行已三十多年了，商行的规模在巴黎城同行业中是数一数二的，它的声誉蜚声整座巴黎城。商行顾客盈门，生意兴隆。有一年，商行从东方的印度采购到一颗世上罕见的钻石。消息像插了翅膀迅速地传播开来，一下子轰动了全城，市民们都想一睹为快。

一天，三位顾客——莫尔、埃罗、桑特同来珠宝行参观。老板考尔比热情地欢迎他们的光临。寒暄一番以后，考尔比便把三人迎入珍藏室。老板边介绍，边打开珍宝箱，那颗乌黑透亮的钻石，使来客赞不绝口。老板盖好珍宝箱后，又谨慎地用一张粘满糨糊的白色纸封条封好，然后把客人领到客厅叙谈。

当客人们坐定后，考尔比先后给三位客人各送上一杯咖啡。在客人们端咖啡杯时，考尔比发现三人的右手手指上都有点小伤：莫尔的食指稍有发炎；埃罗的拇指曾被毒虫咬过；桑特的中指则被刀划破。看来三人的受伤手指在来访前都用不同的药水涂抹过。

宾主边品尝咖啡，边无拘束地闲谈着。当他们谈兴正浓时，考尔比的老朋友、化学家德维尔前来拜访。经考尔比介绍，化学家与三位客人一一握手问好。

化学家德维尔是一位健谈的人，因而，宾主五人叙谈的气氛更加热烈，谈论的内容也十分有趣。席间三位客人都有事先后外出，但是，也都在很短的时间内又回到客厅，并且依旧谈笑风生。当客人们再次谈起那颗罕见的钻

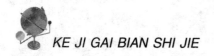

石时，化学家德维尔也想一饱眼福，便请主人领到珍藏室参观。当主人撕下湿漉漉的白色纸封条、打开箱盖时，意外地发现钻石不见了。他伤心地喊了一声："我的上帝呀！"就昏过去了。沉着机智的德维尔唤醒主人，询问了整个过程，又察看了一下现场和封条后，便安慰老板说："不用着急！我会帮你把事情查得一清二楚的。"

化学家搀扶着考尔比回到客厅后，向三位客人宣布钻石失踪了。三位客人个个神情自若，像是没有发生过什么事似的。

化学家用锐利的目光从三人的手指上迅速扫过，然后对埃罗说："是你偷走钻石的！"

"凭什么判定我偷走钻石？"埃罗强掩饰着内心恐慌反问。"你那呈现蓝黑色的拇指。"德维尔十分有把握地回答。原来，德维尔刚到客厅，与三位客人握手时，就发现他们手指各涂有不同颜色的药水：莫尔的食指发炎，涂紫药水；埃罗的拇指毒虫咬肿，抹碘酒，呈黄色；桑特的中指被刀划破，擦红药水。如果钻石是莫尔或桑特偷的，他们在启封条和贴封条时，在湿白纸条上会留下紫色或红色的痕迹。而埃罗手指抹过碘酒，他在启封条和贴封条时，抹过碘酒的拇指与封条上的湿糨糊接触时，碘酒中的碘与糨糊中的淀粉起化学反应，使原来碘的黄色呈蓝黑色。德维尔看到白纸封条上留有蓝黑色痕迹，又见到埃罗拇指上也有蓝黑色，便以此为据作出这一判断。

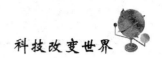

# 杀死拿破仑的凶手

拿破仑·波拿巴出生在地中海的科西嘉岛，在资产阶级革命爆发时，他在战争中初露头角，显示了他的军事才能，在收复国土和镇压王党叛乱的战争中起了很大作用，威望日高，并逐步登上政治舞台。

1804 年，拿破仑加冕称皇帝，建立了"法兰西第一帝国"，并强盛一时。由于他对外战争，对内掠夺，引起了欧洲国家人民的反抗。1815 年，欧洲"反法盟军"攻入法国，拿破仑被迫退位。从此，他成为一个囚犯，在大西洋圣海伦娜岛上度过了五年半的流放生活。

拿破仑在被监禁期间，多次控告英国看守企图谋杀他。他怀疑那位英国看守在他的食物中放入了氧化砷，也就是我们通常说的砒霜，欲使他慢性中毒而死。

在拿破仑去世前不久，应几位崇拜者的请求，拿破仑剪下自己的一绺头发送给他们作纪念。后来这绺头发送进了历史博物馆中收藏。

不久，拿破仑去世了，他死于什么原因，成了历史上悬而未解的疑案。

18 世纪时，氧化砷是一种常用的毒药。由于科学技术不发达，当时还没有办法从受害者的身体中测量出氧化砷的存在。到 19 世纪，科学家们通过实验发现，如果长期少量服用氧化砷，不但会引起中毒症状，还能在受

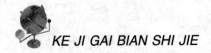

害者的头发中测量出微量的氧化砷。

20 世纪 60 年代，科学家们对拿破仑的死因进行了分析，把放射化学分析——中子活化分析方法用在了这一历史疑案上。

科学家们从历史博物馆中借出了这绺头发，并对它进行了化学分析。取一小部分头发进行中子活化，再用仪器测量出从头发中放出的 β 射线的能量及半衰期，进行计算。令人感到意外的是，在这些头发中发现了氧化砷的存在。而且，在头发根部的含砷量比发梢一端要多。有人怀疑那位英国看守在给拿破仑的食物中放过氧化砷。但是从那位英国看守的辩解词中了解到，拿破仑生前用过的黑色头油中含有氧化砷。

科学家们分析，不可否认，在 18 世纪时，生产的所有化妆品中都含有铅、砷等一些重金属元素。拿破仑头发中的砷很可能来自他使用过的黑色头油。

拿破仑头发中的砷到底是来自他吃进体内的氧化砷还是来自他用过的润发油，至今仍是个悬而未解的谜。

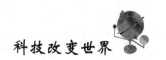

# 人体里的化学元素

宇宙万物都是由化学元素构成的，人体也不例外。构成人体的元素有六十多种，其中最主要的元素是氧、氢、碳、氮四种，它们占了人体重量的96%左右。除此之外，还有钙、磷、硫、镁、钠、氯等。其他在人体中含量极少的元素叫微量元素，有铁、碘、硼、硅、氟、铜、锰、钴、锌、硒、铬、钒、镍、钼等。尽管这些微量元素在人体中的含量很小，但却是人体健康所不可缺少的。

氧和氢两种元素组成了水。我们身体中，水分占了70%，幼儿身体中的水分高达80%。可以说，水是生命的源泉。人的身体是由一个个细胞组成的，细胞中就含有水。血液、唾液、胃液中，大部分也是水。就连头发、骨头、指甲中，也都含有水。我们身体中有各种消化腺，如腮腺、颌下腺、舌下腺、胃腺、肠腺、胰腺及肝脏。它们不断分泌出人体必需的各种消化液，将人们吃进的食物分解为人体能够直接吸收的营养。这些消化液就是人体中的"泉水"。一个正常人，一天一夜能分泌消化液8500毫升，一年则有300万毫升。

人体中的各种化学反应，都是在水的帮助下完成的。通常，一个成年人每天通过出汗和大小便排出大约2000毫升的水。同时，每天必须吸收同样多的水，才能保持体内水分的平衡。一个人如果失水20%左右，又得不到补充，就会危及生命。在剧烈运动出了大汗后，要多喝些水就是这个道理。

有些元素在人体中的含量很少，但作用却很大。人体中如果缺了它们，就可能得病。人体中钠的含量约有80克，主要分布在细胞外的液体中。人的汗水、泪水带些咸味，就是其中含有钠的缘故。钾元素在人体中约有150克，大部分藏在细胞里。钠和钾对维持生命起着重要作用，它们能保持身体内正常的渗透压，调节体内的酸碱度和神经、肌肉活动。医院里给病人打吊针，常常就是补充钠、钾。当然，钠在人体中并不是越多越好，含钠过多或者含钾过少，会产生心血管疾病。所以，在饮食中，最好能少吃含钠的食盐，多吃含钾高的食物，如香蕉、土豆、橘子、柚子、甜瓜、蘑菇和新鲜蔬菜。

在内地的山区和乡村，常见有一些人得一种"大脖子病"，医生们叫它甲状腺肿大。得这种病的原因是因为身体里缺乏碘。科学研究还证明，缺碘能引起人的智力低下。在海产品中含有大量的碘，如海带、紫菜等。现在，我国政府提出要消灭由缺碘引起的各种疾病，而补充碘的最方便的途径，就是食用加碘的食盐。

镁的作用是激活人体中的各种酶，参与能量的代谢活动。如果长期缺镁，会引起心肌和心血管壁肌肉的损害。多吃粗粮、糙米、花生等可以补充镁。

铁是人体中氧气的输送者。人们每天要吸进大约10000公升氧气，如此巨大数量的气体交换，都是靠结合在红细胞内的血红蛋白中的铁来完成的。而身体中如果缺少了铁，就会影响红细胞中血红蛋白的合成，引起缺铁性贫血。其实，一般人体中铁的含量不过4～5克。动物肝脏、瘦肉、蛋黄、鱼类、豆类、芹菜、豆芽等食物中都含有丰富的铁，常吃这些食物，可以预防缺铁性贫血。

锌是构成各种蛋白质分子的重要元素，缺乏锌可以导致婴儿发育不良、创伤不易愈合等。如果我们常吃些海蛎子、鱼、羊肉、蛋黄、牛奶、菠菜、葵花子、花生、核桃等，就不会缺锌了。

人体中的铜是氧化还原体系中的催化剂。缺了它，人会得上低蛋白血症和营养不良症。在我国一些山区，有的人会患一种地方病叫"克山病"。因为这些地方土壤、农作物中硒的含量很低。缺硒还会影响人的生育机能。钼在人体中的含量也很少，但如果缺了它，就可能产生低血色素性贫血症和消化道癌症。

当然，微量元素在人体中的含量并不是越多越好。有的元素如果过量，人体不需要，就会被排出去；有的元素过多或过少，都会引起身体的异常。

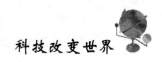

比如铬元素，人体中少了它会造成动脉粥样硬化，还会影响身体发育，影响视力；但如果太多了则又会产生鼻中隔穿孔。再如元素钒，过多过少都会影响胆固醇和脂肪酸的代谢。

还有一种重要的元素就是钙。钙在人体中的重量约为体重的2%。人的骨骼、牙齿的主要成分就是钙。缺钙不仅会影响骨骼和牙齿的生长，还会导致神经紧张、脾气急躁等等。而摄取足够的钙，有助于降低血压，防止心脏病、老年人骨质疏松症、动脉硬化等。钙的最好来源是乳制品。我们还可以从许多食物中摄取钙，如虾、蟹、鱼、豆腐、黑木耳、花椰菜、芹菜、红枣、山楂、花生等等。

人体里有这么多化学元素，就好像是一座化学工厂。这些元素主要是从我们吃的食物中获得。所以，我们平时要注意饮食多样化，不挑食、偏食，才能平衡身体的需要，保持身体健康。

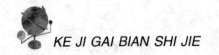

# 可以吃的石头和土

石头和土可以吃吗？说来你也许不信：有的石头和土不仅可以吃，而且人们还经常吃，甚至非吃不可呢！

我们的一日三餐少不了盐。盐分池盐、井盐、海盐和岩盐，岩盐就是一种石头。用传统方法做豆腐，要用石膏，人们吃豆腐，就在不知不觉中吃了"石头"。

有些石头，吃起来没什么味道，甚至还很难吃，因为能治病，人们得了病，就非吃不可。

我国古代的医学家们很早就利用一些矿石作为治病的良药。治疗乙型脑炎的"白虎汤"药中以石膏为主药，石膏能解热消炎；麦饭石能治疗痈疽和发背疮；胆矾用作催吐除虫药；磁石用作镇宁安神药；滑石可以用来治疗心烦口渴、小便赤涩，还可以排除肾结石；浮石用来治疗胸肋疼痛，止咳化痰；朱砂能治睡眠不宁和惊痫病症；连大理石也可以入药，用来治疗肺结核病吐血。《本草纲目》中记录的矿石良药就有二百多种。

有的人还有吃石头和土的癖好，这在古今中外都有过记载。我国宋代时，有个叫夏文庄的人，家中豪奢，吃的是山珍海味。不知是吃腻了，还是别的

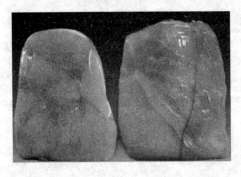

什么原因，他对美味佳肴毫无兴趣，而对钟乳石等东西竟能吃得津津有味。每天早晨起床后，他首先要吃一碗钟乳粥，就是用钟乳石做的粥。有人见了，也悄悄地吃这种粥，结果却生了疽疮。

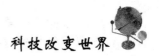

现代，也有人吃石头和土。在山东烟台，有不少人喜欢吃一种白色的高岭土。在陕西礼泉、乾县一带，有些妇女爱吃一种红色粘土。而山西的有些妇女则爱吃当地山上的黄土和粘土。陕西渭北一带，有些妇女常吃一种叫"蒙脱石"的石头，据说这种石头入口即化，味道很像巧克力，常吃还会上瘾呢！

国外也有人喜欢吃石头和土。意大利有一种传统食品叫"阿利卡"，是用面粉掺进一种泥灰岩粉做成的。泥灰岩来自维苏威火山附近的那不勒斯郊区，它掺进面粉里，可以使食品更洁白，吃起来酥软可口。

在伊朗，吃土是习以为常的事。伊朗人最喜欢吃来自马加拉特和吉维赫莱的粘土。这种粘土外白内酥，吃起来又滑腻又香，别有风味，是那里的一种佳肴。

在非洲、澳大利亚以及大洋洲的一些岛屿上，每逢喜庆的日子，在桌上除了精美食品外，总有一些白粘土、蓝粘土和翠绿粘土，用来招待贵宾。

为什么有些人喜欢吃石头和土呢？科学家作了不同的解释。有人认为，岩石和土壤不仅对动植物起作用，而且对人的机体也起作用。岩土里含有身体里必需的某些微量元素，例如铜、硒、钼、铅、钴等，吃了可以补充人体之不足；也有人认为，这可能同疾病和寄生虫有关；还有人认为，吃石头和土是我们人类祖先"遗传"下来的一种习性。

# 地里飘出的"雪花"

20 世纪初的一个夏天，在美国南部的得克萨斯州地方，曾经常发生过一件奇怪的事。那时有一支地质勘探队在那里勘探石油，他们夜以继日地往地下钻眼，几天下来，钻探机已经钻了很深的深度。一天，正当他们往下沉降井管时，突然从地下喷出一股高压气体，在钻井台上操作的勘探队员，个个措手不及，有的被气浪打得后退几步后摔倒在地，有的边往后退边高声喊着："井喷了！井喷了！"

过了片刻，高压气流中还夹带着许多洁白的"雪花"状物体一起往外喷射。这些物体，先是在半空中纷纷扬扬，然后再冉冉飘落地面。看到这种奇观，有几位青年人觉得好玩，便走了过去，伸出双手想将雪花扫扫拢，做个雪球，就在这个时候，有位青年感到像触电似地马上把手缩回来；有位青年将手缩回来一看，手上出现红肿；有位青年的手上则显出黑色的斑块。

过了一阵子，所有在场的勘探队员都感到气温急骤地变化着。刚才那令人窒息的闷热天气，顿时变成料峭的春寒。与此同时，飘落过"雪花"的地面上弥漫着迷迷蒙蒙的水雾。身处雾幕之中的勘探队员，油然产生了飘拂欲仙之感。

随着"云雾"的蒸腾，勘探队员发现地面上的"雪花"逐渐减少，不一会儿就像炊烟那样消散得无影无踪。

这种变戏法似的"雪花"，究竟是什么怪物？原来，这种"雪花"的真实身份是"干冰"。干冰不是冰，不是由水凝结成的，而是无色的气体——二氧化碳凝结而成的一种固态物质。

如果把二氧化碳装在一个密封的钢筒里，再一加压，就变成水一样的液

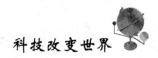

体了。再继续对这液体增压或降温，就会变成比雪更细一些的干冰。

　　埋在地下的油层，顶部存在有天然气，在这种气体中含有二氧化碳。这种二氧化碳被埋在离地表面很深的地方，承受的压强已相当大了，在这种高压下，二氧化碳气都变成了固态的干冰，因此，井口出现了喷射"雪花"的奇观。

　　干冰在常压下蒸发时，温度能低到约 $-80℃$，如果用手触摸它，会把手冻坏的，所以那几位好奇的年轻的勘探队员，不是手被冻得红肿，就是皮肤上出现黑色斑块。

　　由于干冰的温度很低，在常温的空气中会急剧升华，使其周围的空气温度迅速下降，空气里的水蒸气便凝结成雾。因而出现了故事中说到的"顿时变成料峭的春寒"气温和"弥漫着迷迷蒙蒙的水雾"。正因为干冰具有这种特殊"性格"，所以电影《孙悟空三打白骨精》和电视片《封神榜》中那些飘飘袅袅的云雾镜头，都是请干冰出场"帮忙"拍摄而成的。干冰还可以用于制造汽水、啤酒等饮料和作制冷剂、保鲜剂、灭火剂用。人们还将它作为化学药剂来耕云播雨，使美妙的甘霖从天而降。这样看来，干冰的功劳还真不小呢！

# 神秘的"纵火犯"

1854 年 5 月 30 日傍晚，英国皇家海军"欧罗巴"号战舰舰长从皇家海军司令部出来后，便急匆匆地赶路返回军舰的基地。今天他的军舰奉命驶往某地执行一项紧急战斗任务，军舰必须立即启航。这次战斗任务十分特殊，军舰还必须另外加载 60 名骑兵和 60 匹战马。由于这是一次远航，还得同时带上足够的饲养战马的草料。因军舰本来是一艘战斗舰，货舱不多，所带的草料只好勉强储藏在弹药舱隔壁的一个狭小货舱里。草料多，货舱小，整个货舱被装得严严实实的。

一切准备妥当，军舰在夜幕中驶离基地，开始它的远征。两昼夜过去了，军舰的航行活动正常。就在第三个夜晚到来时，事情发生了。

那天傍晚，水兵和骑兵们吃好晚饭后，便来到甲板上乘凉、散步。夕阳西沉，万顷碧波被落日映成紫色，波浪被余晖射成银花，光华灿烂。此时此刻，伫立在甲板上，迎着习习凉风，观看着这美丽的晚霞，真使人心旷神怡！

正当水兵和骑兵们陶醉于这一令人迷茫的暮色的时候，忽然值勤的水兵一声惊叫："货舱起火了！"火光就是命令，原来悠闲在甲板上的士兵们眼明手快齐动手：有的提起取水的水桶，有的端来日用的脸盆，一起向着起火的货舱涌去。但是，这些行动都无济于事，当士兵们刚赶到起火现场时，还来不及送水，便"轰隆"一声，草料隔壁的弹药库爆炸了。顷刻间，整艘"欧罗巴"号战舰，就置身于一片火海中，随后不久便埋葬于海底，战舰上的军官、水兵和骑兵、战马无一幸存。

英国皇家海军司令部保安部门对"欧罗巴"号战舰"纵火"案件十分震惊："欧罗巴"号战舰启航是秘密进行的，这个情报是无法传到敌方，不可能

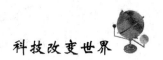
遭受敌舰袭击的；"欧罗巴"号战舰这次军事行动，从舰长接受命令到战舰启航这段时间不过才一小时多些，战舰内外合谋"纵火"也是困难的。难道是战舰上的水兵不忠实吗？也不是，因为战舰上的武器是高度机密的，上舰的水兵的挑选是十分严格的。那么"欧罗巴"号战舰的"纵火犯"是谁呢？

根据保安部门提供的现场案情材料，一批司法鉴定专家正在秘密进行案情分析。经过专家们一番分析和取证，一致认为"欧罗巴"号战舰的"纵火犯"是储藏在小货舱里那批饲养战马的草料。

也许有人感到纳闷，没有人去点燃这批草料，怎么会自行燃烧呢？要想了解草料自燃，还得从氧化反应说起。

在化学上，把物质与氧发生的化学反应叫做"氧化反应"。像上面所说的草料自燃就是这种氧化反应的结果。这种草料大量堆积在不通风的货舱里，在室温条件下便进行缓慢而持续地氧化反应，氧化反应产生的热量不容易散发，进而使草料温度逐渐升高，氧化反应加快，最后温度达到草料的着火点时，草料便不经外来点火而自发地发火燃烧起来。"欧罗巴"号战舰就是由于这种自燃而遭受到整艘战舰覆灭的。

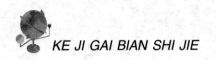

# 化学魔术师

一百多年前的一天早晨，瑞典化学家柏齐利阿斯离家去实验室时，妻子再三叮咛："今天是你的生日，晚上宴请亲友，祝贺你生日。记住，下班后早些回来。"柏齐利阿斯向妻子点了点头，便上实验室去了。

柏齐利阿斯教授是一位做学问的人，工作十分认真，有时实验不好间断，在实验室一待就是几十个小时，有时两三天，甚至一个星期都没有离开实验室一步。今天的实验十分重要，也很有意义，因此，早晨踏进实验室后，他的心思完全沉浸在实验中，把晚上生日宴会忘得一干二净，直到他妻子玛利亚赶来实验室叫他时，才恍然大悟，急匆匆地赶回家里。一进门，他的亲朋好友纷纷围过来举杯向他祝贺，柏齐利阿斯顾不上洗手就接过酒杯，把斟满的一杯红葡萄酒一饮而尽。当他抹了抹嘴角时，却皱起眉头喊起来："玛利亚，你怎么把醋当酒给我喝？"老教授这一喊，把玛利亚和客人都给愣住了。玛利亚感到蹊跷，摆在宴会桌上的这瓶酒分明是红葡萄酒，他怎么说成是醋呢，莫非今天他给化学实验搞昏了头？为了证实这酒是红葡萄酒，玛利亚又给大家斟了一杯品尝，客人喝过后，个个深信不疑地表示：一点儿也没有错，确实是又甜又香的红葡萄酒。听了大家的一致意见后，柏齐利阿斯随手将刚才大家喝过的那瓶红葡萄酒拿过来，为自己斟满了一杯，喝了一口，仍是酸溜溜的。玛利亚将它端过来试喝了一口，酸得吐了出来，说："甜酒怎么一下子变成了酸醋呢？"客人纷纷凑近过来，观察着、猜测着这魔术般的"神杯"发生的怪事。

柏齐利阿斯将酒杯里外仔细作了一番检查，发现酒杯里沾染有少量黑色粉末。他再看看自己的双手，10个手指个个沾有些黑粉末，这是在实验室研

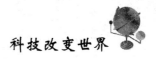

磨白金时给沾上的。"哎呀,原来是这样!"他高兴地跳起来,然后拿起那杯酸酒一饮而尽。原来,把红葡萄酒变成酸醋是这位白金粉末"魔术师"变的把戏,是它使乙醇(酒精)与空气中的氧气起化学作用,生成了醋酸。后来,人们把这种起化学反应的作用叫做"触媒作用",又叫"催化作用",而把能使反应物潜睡的能力唤醒过来的、具有魔术师"魔力"的外加物质,叫做"催化剂"。

催化剂有正催化剂和负催化剂两类。正催化剂能使化学反应速度加快几百倍、几千倍,甚至几百万倍。使化学反应减慢的催化剂,叫做"负催化剂"。例如,在食用油脂里加入 0.01% ~ 0.02% 没食子酸正丙酯,可以有效地防止酸败。没食子酸正丙酯就是一种负催化剂。

在今天化学工业中,催化剂种类已达 100 万种,有金属、氧化物、酸、碱、盐等,真是琳琅满目,层出不穷。它们在炼油、塑料、合成氨、合成橡胶、合成纤维等工业部门的许多物质转化过程中,大显神威、施展奇才,简直到了"点石成金"、出神入化的地步,创造出一个又一个奇迹。据统计,在化学工业中约有百分之八十五的化学反应离不开催化剂。可以这样说,没有催化剂,就没有现代的化学工业。

催化剂是化学中的魔术师,是化学工业中一员主将。

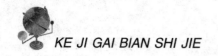

# 高空气球

星期天，六一班的几个同学一起去少年宫参加活动。小胖子在乐器队，小眼镜在航模组，李娜在合唱队……少年宫每两周举行一次活动，几个小家伙总是结伴而行。

他们几个虽说参加了少年宫的活动，可学习一点也不耽误。在班上几个人总是不相上下，连老师都夸奖说："这几个孩子是全面发展，将来要保送上重点中学哩！"

下了公共汽车，忽听前边不远处传来劈劈啪啪的爆竹声，声音越来越响，越来越激烈，同时，夹杂着二踢脚的高低音，回荡在空中。小胖说："什么事这么热闹？"李娜说："反正时间还早，咱们看看去。""好！"大家一致赞同。循着声音跑去，原来是前边一座新的商业大楼在举行开业典礼。商店门口挤满了观看的人群。几排大挂鞭同时点燃，那响声真是震耳欲聋。小胖说："哎！快看那，多大的气球呀！"大家这才往上看，几个特大的气球，吊起了四幅长长的大标语，标语上写着"开张大吉，欢迎光临"等口号。

李娜说："这几个气球怎么能吊起那么重的标语呢？过年时，我也买了一个好大的气球，挂在屋里，根本飘不起来，我用手使劲向上推，也只能飘一下，又落下来了。"小胖说："你家的气球没劲儿。"李娜说："什么样的气球才有劲儿呢？"小胖子吐吐舌头，回答不出来。

"这还不算有劲儿的呢！还有比这厉害的！"被大家叫做博士生的小眼镜说话了。大家最爱听小眼镜儿讲故事啦！都觉得他知道很多很多的事情。小群说："博士生，你看的书多，给我们讲讲怎么样？"小眼镜儿说："好吧，其实书上都写着呢！"他说："35 周年国庆时，天安门广场上空飘荡着的气球，直径就有 6.5 米，下面吊起了四幅长长的标语。1973 年，我国向空中放出的第一颗电视转播气球，长 5.7 米，能吊起一千多公斤重的仪器，厉害吧？"小群说："真够棒的！"小胖说："眼镜儿，你说这气球里装的是什么气体呀？为什么能吊起这么重的东西呢？"

高空气球里充的是氢气或氦气，由于浮力及重力的作用，气球向上飘起，吊起重东西。

几个同学叫小眼镜儿讲讲气球的秘密。小眼镜儿用手推推眼镜，看看天空中飘荡的气球说："这些叫高空气球，这些气球里充的是氢气或氦气。刚才我说的 35 周年国庆节时，天安门广场上升起的四个巨大的气球，你们猜用了多少氢气？"几个人同时摇摇头说："不知道。"小眼镜儿接着说："用了 28 瓶液态氢，才把它充圆。我国放出的第一只电视转播气球，里边充的是什么气知道吗？告诉你们吧，充了 7000 立方米的氦气。所以它们才有这么大的力气。"小群问："为什么充了氢气或氦气的气球才能飞得高？"小眼镜儿一边用手朝天上指指划划的，一边给大家讲："氢气和氦气都比空气轻，在标准状况下，1 升氢气的质量是 0.0899 克，氢气跟相同体积的空气相比，质量约是空气的十四分之一。所以充了氢气的气球在空气里就像一根木头飘在水里一样轻。空气给它的浮力向上，地心引力给它的重力向下，一个向上托，一个向下拉，最终还是浮力大于重力，所以氢气球能轻轻飘飘地升上天空，还能用多余的浮力去吊起很重的东西。像李娜你买的气球里充的是空气，它与外界空气压力一样大，所以不会飘向高处，又不能吊起一张报纸。"李娜说："哎呀！氢气这么厉害呀！"小眼镜儿说："还有更厉害的呢！氢气在氧气中燃烧，

火焰可达 3000℃ 的高温，所以人们就用氢氧火焰焊接或切割金属，熔化石英制成各种石英制品。液态的氢还用来做火箭或导弹的高能燃料。"小群说："氢气燃烧时，热量一定很高吧？"小眼镜点点头又继续讲："氢气

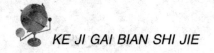

燃烧时发出的热量是汽油的 3 倍，最后生成的是水。有的科学家设想，如果利用太阳能将水分解成氢气和氧气，使氢气再燃烧产生大量的热，燃烧后生成的水又可作为原料，如此反复循环利用，到那时，开汽车不用汽油啦，只要带点水就行了，多省事呀！"李娜说："那多好哇！到时候，我们外出旅游，带点水就可以野炊啦！"小群说："我听我爸爸讲过，说现在有的国家已研制出以氢气做燃料的汽车，只是没解决如何连续加氢气的问题。"小胖子说："咳！那都是设想，得什么时候才能实现呀？"小眼镜充满信心地说："我想一定能实现，过去要说起卫星能上天，人能在月球上行走，如天方夜谭。现在不都变成现实了吗！比如现在我国肾脏移植的成功率已经很高了，又在突破心脏移植的难关，有的国家正在进行脑子的移植，我想早晚有一天能实现。"

小胖子说："博士生，我们可是等着你去实现美好的愿望啦。到那时你若发明了用水做燃料的汽车，我第一个报名给你开车。"逗得大家哈哈大笑。

这时，只见观看的人们正在涌向大楼门口，李娜说："别笑了，时候不早了，咱们快走吧！"几个小伙伴，边说边笑地向少年宫走去。

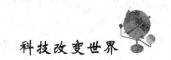

# 冻 冰 棍

放暑假了，爸爸带小杰到乡下去看望爷爷、奶奶。小杰非常喜欢奶奶家。因为，每年暑假回来，都要和叔叔家的哥哥、弟弟一起下河去游泳，去摸鱼。小杰的"狗刨"式的游泳技术就是哥哥教的。最有趣的要算是下河摸鱼啦！哥哥摸的可熟练了，沉下去一会儿就摸上来一条。开始小杰学着哥哥的样子，伏下身去，双手向底下一抓，拿出水面一看，是一堆烂水草。哥哥教给小杰摸鱼的要领，偶尔小杰也能抓上一条来。

这天晌午，炽热的阳光烤着大地，田里的玉米叶都卷曲着，不敢"正视"火辣辣的太阳光，菜地里豆角叶子、黄瓜叶子都变得软绵绵的。

奶奶家的看门狗——花花，这时也趴在树阴下，耷拉着舌头，哧哧地喘着气，不时地眯上眼睛。一会又机警地竖起两耳，听着什么动静。

这天，从上午8点开始停电，直到下午2点还没来电，电扇只好在一边休息了。小杰和哥哥、弟弟正在堂屋里玩跳棋，热得他们用毛巾不停地抹着汗。

小杰疲倦地站起身来，拍拍脑门说："这会功夫要是吃上点冰淇淋多舒服呀"！哥哥说："农村里没有卖冰淇淋的！"小杰说："没有冰淇淋，冰棍也可以呀！"弟弟叹了口气说："冰棍也得去集市上去买，这么热的天，谁去呀？"哥哥看了看冰箱的冷冻盒，里边的冰块全化成了水，说："唉！没办法，没有冰棍连个冰块也别吃啦！"

忽然，哥哥像想起了什么说："各位想吃冰棍吗？这好办，本人有办法冻冰棍。"小杰说："别吹牛了。冰箱没电，怎么冻冰棍？"哥哥说："本人就是有办法，不用冰箱照样冻冰棍。"小杰和弟弟异口同声地问："真的吗？"哥哥说："真的，咱从不说假话。"沉了一下又说："不过，你们得听我的指挥，叫你们干什么你们就得干什么。"小杰说："好！"弟弟说："行！"

接着哥哥给小杰和弟弟布置了任务："你们找一个塑料桶，再找一根干净的竹棍儿或一根筷子代替也行，再晾一杯白糖水。"说完就出门走了。小杰和弟弟不知哥哥干什么去了！赶快找来一个塑料水桶，并找了一根细木棍儿，用清水洗净，急切地盼望着哥哥回来。

一会儿，哥哥从外边抱回来一大块冰，哥哥说："这是在小卖部卖肉的爷爷那买的。小杰和弟弟一见冰块，赶紧过去，用双手摸着，再用凉手拍拍脑门，真舒服呀！"

哥哥找来了锤子，咣咣几下把大冰块敲碎了，装在水桶里。然后拿起食盐，哗一下子倒了半袋，然后用双手把它们混合均匀。又从抽屉里拿出一个小塑料管。塑料管大约有15公分长，直径有4公分吧！他把小木棍儿插入塑料管内。小杰和弟弟真是莫名其妙，不知道哥哥要变什么魔术，两个小脑袋一会扭向左边，一会转向右边，跟着哥哥来回转。哥哥向塑料管里倒上一管晾凉的白糖水，把塑料管插在冰块中，还不时地用手转动几下。弟弟实在忍不住了问："哥哥，什么时候能冻好冰棍呀？"哥哥热得满头大汗，用手背抹抹汗水说："快好了！"过了一会，哥哥把塑料小管拿出来，在桌子上磕了两下，用力把小木棍儿一抽。嘿！看，一根冰棍制成了。哥哥把冰棍递给了小杰说："你是客人，你先吃吧！"小杰把冰棍拿到弟弟的嘴边说："小弟弟，你先吃。"弟弟上去就咬了一口说："真甜！"小杰也咬了一口，含在嘴里说："真甜，就是太硬了。"哥哥也咬了一口说："冰在嘴里，凉在肚里。"弟弟说："哥哥，再冻一根吧！"哥哥说："没问题，再冻一根。"

接着哥哥又冻了一根冰棍儿。几个小家伙玩得真开心。小杰问哥哥："为什么不用冰箱，只是在冰里加点盐就能冻成冰棍呢？你跟谁学的？"

哥哥得意地说："跟书上学的，我们学的化学课，其中有一部分是小实验，就是这么做的。我还能自制清凉饮料呢！"弟弟也拉住哥哥的手说："哥，你给我们讲讲，为什么冰里要加盐呢？盐本身并不冷，怎么能冻冰棍呢？"哥

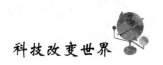

哥拉起另一种腔调，说："行！我就用最通俗的话，给你们讲讲，你们一学就会。"

接着，哥哥就讲起了这里的奥妙。的确，食盐本身并不冷，可是冰是冷的，要溶化成液体也就是水，就必须要有一定的温度。从周围吸取热量后，自己温度才能升高，开始溶化。而食盐又溶解在这些冰水中，使得冰点降低。这样带有食盐的冰块，必须从周围吸取大量的热量。周围供给热量后，冰块盐水又会继续溶化。这样反复重复着吸收热量和加快溶解的过程。周围的温度逐渐下降。有人做过实验，在这一过程中，温度甚至能降到零下20℃左右。在如此冷的环境中，糖水能不结冰吗？有的商店就用食盐加冰块做制冷剂。

当然啦，制冷剂还有很多种，比如，二氧化碳在加压冷却的情况下，变成固体叫"干冰"。干冰就是一种制冷剂。它的优点是溶化后不会有水分，所以保存的物体不受潮。还有，把氮气冷却后变成液态氮，叫"液氮"，也是一种制冷剂等等。这些制冷剂在工业、农业、医学方面应用可广啦！

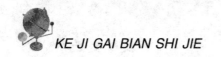

# 古尸不腐之谜

日德兰半岛的夏季凉爽宜人，早晨的一场雨给半岛中部的托隆得山谷森林带来了一些料峭的寒意。凡恩和赫芬妮是来旅游度假的一对青年夫妇，他们在树林里搭了帐篷，白色的奔驰牌轿车就停在旁边。

雨后的森林显得格外的幽静，年轻人陶醉在这静谧的气氛中，远处不时传来一些不知名的鸟的鸣叫声。林边有一片沼泽地，凡恩提着猎枪迈步走向森林与沼泽地的交界处，准备打点野味。山林里各种飞禽走兽很多，凡恩也不担心打不着野味，因此毫无顾忌地走着。突然，凡恩发现好像有个人趴在沼泽地里。他仔细观看，这是一名赤身裸体的男子，身体的一半在泥浆里埋着……

当地警察接到报告后，立即赶赴现场。警察们认真地勘察了现场，死者看起来像刚死不久，两颊还留着短短的胡须。他们一致认为遇到了一起案发不久的凶杀案，凶手好像残酷地绞死了死者后，运到此处，仓促扔在沼泽地中。警察局动用了大量的人力物力，聘请了富有经验的警探，来破此案。由于现场几乎没有留下凶手的任何痕迹，此案显得格外扑朔迷离，甚至连死者的身份也无法知道，因为当时没有发生一件类似的失踪案。法医初步鉴定也

没有发现任何可疑的情形。此案发生在上世纪 50 年代，曾一度成为当地的"怪案"。

不久，有位高明的法医重新鉴定了死者的头发，结果令人大吃一惊。该尸体竟然是铁器时代初期遗留下来

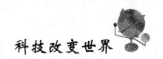

的古尸。人们不禁要问这可能吗？一具古尸竟然能保存这么久而且还完好如初？

其实近年来，世界各地不断发现保存完好的古尸以及木乃伊。我国在发掘古墓时也屡次发掘出非但不腐烂而且还栩栩如生的古尸，譬如新疆的楼兰女尸；广西发现的古尸，开棺时异香扑鼻；湖南等地发现的汉代古尸，肌肤柔韧，颜容宛如活人。

古尸怎么不会腐烂呢？这要从古尸制作说起。古埃及人在国王死后，为了使国王的躯体保存完好，就将他的尸体制成木乃伊。他们将尸体的内脏取出，甚至在头顶上打开口子，从头壳里取出脑髓。然后加入特殊的香料充当防腐剂，使尸体不会腐烂。

在加拿大安大略皇家博物馆，珍藏着一具精心制作的木乃伊。这是一个精致的模壳，外面缠着饱浸胶粘剂的细麻布，模壳内即为一个保存完好的古代埃及妇女。

该博物馆的科学家为了检查这具外壳美丽的木乃伊有无腐化现象，同时看看壳体内还有什么随葬品，通过CT透视扫描的方法，进行分层连续摄影，还用计算机测出了许多数据。根据扫描显示出的纤维组织和骨骼的结构看，推测这具木乃伊生前是一个二十岁左右的健壮少女，至今已存在2700年，仍无腐化现象。在她的腹部左边发现一个切口，上面盖着一个长方形的薄片。估计制作这具木乃伊时，就是从这个切口里把内脏掏出，经涂抹香料后再放回体腔内。

防腐香料对保存尸体起着不可低估的作用，本文开头提及的古尸，由于其所处的泥炭沼泽地的水中，含酸量和含铁量很高，这也许是古尸未腐败而成为一种天然的"鞣尸"，泥炭土成为天然的防腐剂，加上气候寒冷，大部分时间是隔绝空气密封起来的，因而古尸肌肤柔韧，关节可以活动，很容易被错认成"今尸"。

几千年前的古尸保存得如此完好，不仅仅是由于防腐香料的作用，还必须掌握保存尸体的外环境因素。大多数不腐的古尸、木乃伊必须隔绝空气、

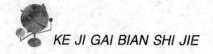

水分等才能保存完好。我国湖南马王堆汉墓，几乎是一个真空的墓室，尸体殓入多达6层的厚木板涂漆棺椁，在四周用粘性和致密性很强的白膏泥，连同吸湿性极强的木炭填实，这就高度隔绝了空气和水对尸体的腐蚀作用。而且在墓室密封后，完全消除了外界光线、温度、湿度等对尸体的损害，使尸体得到"永恒"的保存。

古尸究竟为什么不会腐烂？为什么会保存得如此完好？在蛮夷不化缺医少药的时代，古代人是怎么弄到防腐香料的呢？在科学不发达的古代，他们是怎么知道保存尸体需隔绝空气、水，是他们知道了细菌能使尸体腐烂吗？如果这样，巴斯德发现的微生物理论要追溯到古代了！另外，马王堆汉墓的建造者是用什么方法将墓室建成近乎真空的房间，而真空机是直到近代才发明出来的。

这些奥秘至今科学家仍在努力地探索，现在如此发达的科学技术要想揭开古尸不腐的秘密尚有很多困难。古人究竟怎么掌握其中的奥秘呢？仅仅是防腐剂就有相当多的复杂问题没有解开，更不必说，这些防腐剂历经沧桑巨变，到挖掘出来时，已经"今非昔比"，无论是物质含量，还是物质性质都会发生一系列的变化，这些变化确实阻碍了我们揭开古尸不腐之谜。科学研究是没有止境的，随着现今科学技术的突飞猛进，相信有一天古尸的许多奥秘也会随之真相大白。

# "鬼火"是怎么回事

在俄罗斯著名作家果戈理的中篇小说《夜晚集》里，写到了这样一段故事："一位老大爷中了恶魔的妖法，昏昏沉沉地陷入了鬼魅之境，墓地里看到小路边的坟堆上闪烁着点点星光。老大爷直起身子，双手叉腰，注目凝视——星光熄灭了；但是在离它不远的地方又重新出现了。"

在我国古代，"鬼火"也早就引起人们的注意，有人还画出了鬼火的形状。

我国清代文学家蒲松龄所写的短篇小说集《聊斋志异》里，常常谈到"鬼火"。

旧社会里迷信的人，还把"鬼火"添枝加叶地说成是什么阎罗王出巡的鬼灯笼。

好吧，让我们走进化学实验室，看看"鬼火"是什么。先在烧瓶里加入白磷与浓的氢氧化钾溶液，加热后，玻璃管口就冒出气泡，实验室里弥漫着一股臭鱼味儿。这时你迅速地把窗户用黑布遮上，就会看到一幅与田野上一样的画面：从玻璃管口冒出一个又一个浅蓝色的亮圈，在空中游荡，宛如"鬼火"。

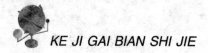

　　原来，这是一场化学之战：白磷与浓的氢氧化钾作用，生成了臭鱼味的气体——磷化氢。磷化氢在空气中能自燃放火，就形成了"鬼火"。实验时必须注意：磷化氢有毒，又很容易爆炸。

　　人类与动物身体中含有很多磷，死后腐烂了生成磷化氢，这就是旷野上出现的"鬼火"。

　　在田野上，不管白天还是黑夜，都有磷化氢冒出，只不过因为白天日光很强，看不见"鬼火"罢了。

　　磷，是德国汉堡的炼金家勃兰德在 1669 年发现的。按照希腊文的原意，磷就是"鬼火"的意思。

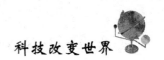

# 千年古尸之谜

　　1972 年湖南长沙马王堆一号汉墓出土的女尸，是我国迄今为止所出土的各类古尸中保存最完好的一具。出土时，尸体外形完整，全身皮肤润湿，身体的许多软组织还有一定的弹性，右大腿外侧的毛孔、脚趾上的指纹以及眼睑上的睫毛均清晰可见，左耳鼓膜完好，脑膜及胸腔内外器官外形完整，腹腔结构层次清楚，内隔膜完整，皮下脂肪丰富，心脏表面光滑。这一切表明，马王堆汉墓女尸虽在地下埋藏了 2000 余年，仍类似于一具鲜尸，在世界考古史上实属罕见，具有极高的研究价值。

　　研究表明，在对马王堆汉墓女尸进行解剖时，研究者发现，女尸胸廓隆起，膈肌上移，胸腔空间变小，舌稍外露，直肠脱出肛门约 1cm，表明女尸肠道曾发生过细菌繁殖、发酵、产气等腐败过程。由于尸体被多达 20 余层的衣服捆扎，腹腔内所产生的大量气体压向膈肌，致使胸腔变小，腐败没有进一步发展下去，从而使得女尸能够很好地得到保存。其原因令研究人员极感兴趣。分析原因，大体上有以下几个方面：

　　（1）女尸入土前用多层丝麻织物紧裹，有助于隔离空气和防止蚊蝇产卵。死后尸体立即入棺，内棺由六块整木板构成，内外均用生漆刷就；中棺亦由巨大整块木板制成；四层套棺一层套一层，每层均用油漆密封；棺外有内椁和外椁，木椁周边用 5000 多千克木炭填塞，木炭外面还用 60～130cm 的白膏泥封固以隔绝空气和防止潮湿。尸体入棺后就处于几乎是完全密封的条件下，棺内空气所剩无几，尸体腐败初期以及随葬品腐败耗氧，导致棺内缺氧。各类有机物在厌氧甲烷菌作用下，形成具有可燃性的沼气，沼气的不断产生、积累，造成棺内压力增大，进而增强了抵抗外界渗水的能力。在长期缺氧的

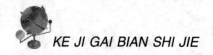

环境中，加上细菌本身代谢产物的积累，造成细菌的大量死亡，尸体腐败过程也就相应地停止了。

（2）马王堆汉墓坑深16m，加上墓口封土共深达20m，整个墓坑用粘土分层夯实。据史料记载，历史上的长沙地区少有地震，偶有地震发生，其强度和所产生的破坏性也是极其轻微的，因而，深达20m的墓室没有任何裂缝产生。

（3）女尸浸泡于酸性棺液中（pH = 5.18），棺液含有乙酸、乙醇及多种有机酸，沉淀物中含有大量的硫化汞，这些物质本身都具有一定的防腐保鲜作用。尸体被上述棺液浸泡，有利于防腐和保持尸体湿润，其原理与现代医学用福尔马林（5%甲醛、2%甘油、10%乙醇）保存尸体（供研究和解剖用）的原理相近。

（4）日本考古学家在研究马王堆汉墓周围水土环境时发现，周围土壤中有大量的弱碱性水存在，其成分与现今风行的"活性水"相近似，这种水对水果的药锈和餐刀上的铁锈，几乎是一冲即掉。

综上所述，深埋、密封、防水、防腐以及周边土壤中的弱碱性水环境，是马王堆女尸保存完好的基本条件。

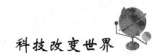
# 致幻蘑菇的魔力

蘑菇对人类来说并不陌生，有的能烹制佳肴，成为美味食品；有的蘑菇内有剧毒，能置人于死地。然而还有一些蘑菇，它们既不能当作食品，也不能要人性命，但却具有一种非凡的魔力，能把人引入神奇的幻境。这类能使人产生幻觉的蘑菇，被人们称之为"致幻蘑菇"。

其实，早在3000多年前，生活在南美丛林里的玛雅人就对致幻蘑菇有所认识了。但是，那时由于人们对它不太了解，认为它是能将人的灵魂引向仙境、具有无边法力的"圣物"，恭恭敬敬地尊称为"神之魔力"，给这种蘑菇披上了神秘的面纱。

为了探求这种神奇蘑菇的秘密，美国生物学家舒尔茨和生物化学家霍夫曼曾经深入南美丛林进行考察。他们有时骑着车子，有时驾着独木舟，出没于亚马逊河流域的草原和深山峡谷之中。一面采集各种标本，一面亲身体验致幻蘑菇的"魔力"，在当地土著民族中整整生活了14年。后来，又有不少科学家对致幻蘑菇进行了调查和研究，发现了24种致幻蘑菇。其中裸盖菇是致幻蘑菇的代表，主要产于墨西哥。其次是球盖菇，分布在亚马逊河流域。致幻作用最强的是古巴球盖菇。

致幻蘑菇由于它们的种类不同，其致幻成分也有差别，引起的幻觉和幻象也是各色各样的。据说在西伯利亚，人们习惯用致幻菌浸泡的伏特加酒来强化醉意。日美两国学者小林和沃森共同用一种蛤蟆菌作试验发现，

服用后会使服用者出现浑身发抖、精神错乱的反应，不由自主地说叫，表情十分可笑。在服用者的眼里，会产生出奇特的幻觉，一切景像都被放大，如一个普通人转瞬间变成了硕大无比的庞然大物。据说，猫如果吃了这种致幻菌，也会慑于老鼠硕大的身躯而失去捕猎的勇气。与之相反，吃了华丽牛肝菌或小美肝菌之后，却会使周围的一切都变得小不盈尺。褐鳞灰伞菌的致幻作用则是另外一种景象，服用者面前会出现种种奇形怪人，或身体修长，或狰狞可怕，尔后中毒者就神志不清，昏睡不醒。大孢斑褶伞菌的中毒者会丧失时间观念，面前会出现色彩幻觉，时而感到四周绿雾弥漫，天旋地转，时而觉得身陷火海，奇光闪耀……

在 20 世纪 50 年代，西方国家中曾掀起一股寻求致幻蘑菇的狂潮，尤其在青年中有不少人为了解脱现实生活中的种种烦恼，填补心灵上的空虚，不惜抛弃学业，丢失工作，跑到深山老林里去寻求"魔菇"的精神刺激。为此，致幻蘑菇引起了科学家们的关注。

致幻蘑菇为什么会有如此神圣的魔力呢？1961 年，科学家们对"裸盖菇"和"球盖菇"的化学成分进行了分析和提纯，结果发现，起致幻作用的物质是裸盖菇素和球盖菇素。它们都是吲哚环第 4 位羟基化的吲哚衍生物，其化学名称分别为二甲 4 羟色胺磷酸和二甲 4 羟色胺，它们与麦角菌中的致幻物质二乙基麦角酰胺（LDS）以及著名的致幻剂墨斯卡灵、大麻精等化合物的分子结构类似，并且与人脑中的两种化合物——S 羟色胺和肾上腺素相似。这两种化合物都是神经传导介质，可以把外界获得的信息从一个脑细胞传导到另一个脑细胞。1977 年，两位叫做林科夫和米切尔的科学家在研究这两种致幻物质时发现，正是这种结构上的相似性，才使这些致幻物质干扰了脑细胞中 S 羟色胺和肾上腺素的正常代谢。由于这些致幻物质引起症状与某些精神病患者的症状相似，从而为研究精神病的病因、病理及其治疗方法提供了重要启示和科学依据。如今，世界各国对致幻蘑菇都禁止食用，因为科学实验表明它们属于毒品，不仅危害健康，而且还严重地扰乱了社会治安。

# 可怕的"毛毛雨"

1996 年秋天，我国新疆维吾尔自治区的南疆一带，公路、铁路多处被洪水冲断，大批被困旅客只好用飞机运送。当地数十万军民苦战 20 多天，才使公路和铁路恢复通车。

然而，当人们看到有关的报道时，则无一不连称"怪事"。原来，地处塔克拉玛干大沙漠边缘的南疆平原地区，年降雨量仅有 50 毫米，就凭这点"毛毛雨"，怎么能冲垮铁路和公路呢？

其实在南疆地区，类似这样令人不可思议的"怪事"还有许多。如遇到大旱，内地人的正常反应是仰天企盼大雨，而南疆人却对下雨显得异常的害怕。尽管这里的降雨量少得可怜，但各级政府却每年都要认真组织力量防洪，甚至无雨也要照防不误。

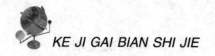

　　小小的"毛毛雨",为何竟能在广袤的南疆"横行",有关专家带着这些疑问,对南疆的地理、气候等情况进行了考察。了解到一系列有关这些"怪事"的趣闻。

　　横贯于新疆中部的天山山脉,东西长2500千米,南北宽250－300千米,平均高度4000多米。山上冰峰林立,终年被厚达几米甚至数十米的积雪覆盖。所以尽管南亚地区的降雨量很小,甚至不下雨,但遇到大旱,当地的农民却丝毫不放在心上。因为天山融化的积雪水,足够他们灌溉农作物了。有一首《新疆好》的歌曲里就唱到"戈壁沙滩变良田,积雪融化灌农庄"。甚至塔里木盆地的阿克苏等地区还大面积种植了水稻,养殖了鱼虾,成为闻名海内外的"塞外江南"。这就是来自雄伟天山得天独厚的恩赐。

　　不仅不盼下雨,当地人甚至还非常害怕下雨。因为南疆地区土地的盐碱重,一下雨,很容易使大量的盐碱渗出土地表层,致使农作物以及其他植物无法生长。有时一下雨,地面上还会结出一层坚硬的盐碱壳。这种盐碱壳往往会卡死禾苗,造成严重缺苗,影响粮食产量,甚至绝收。所以,如果说内地人害怕天旱无雨农作物歉收的话,那么南疆人就有些"闻雨色变"的味道了。

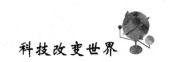

# 死海不死

在亚洲西部，约旦王国的边界上，有一个面积一千多平方公里的内陆湖，它的名字叫做死海。

为什么叫这么个不吉祥的名字呢？原来，在这个内陆湖里，几乎没有什么生物能够生存，沿岸草木也很稀少，一片死气沉沉的景象，所以大家就把它叫死海了。

但是，死海里的水并不像别的江河湖海那样容易吞噬生命，淹死人畜。据说，在一千九百多年前，古罗马帝国的军队进攻耶路撒冷的时候，军队的统帅狄杜要处死几个俘虏，他让人把这些俘虏捆起来，投到死海里，想把他们淹死。不料，这些俘虏并没有沉到水里，一阵风浪，又把他们送回岸边来了。统帅命令把他们再投进湖里，过一会儿又都漂了回来。这位罗马统帅以为他们有神灵保佑，只好把这几个俘虏放了。

不管这个传说是否真实，死海倒的确是淹不死人的，即使不会游泳的人，也会漂浮在水面上，甚至还能读书看报呢！

死海为什么有这些奇异之处呢？关键在于死海的水里含有大量的食盐。据测定，死海的含盐量高达25%，是一般海水中食盐含量（约为3.5%）的七倍！这样高的食盐含量是不利于生物生长的，所以这个内陆湖成了死海；这样高的含盐量，使湖水的比重很大、超过了人体的比重，因此一人在湖水里不会下沉，不会游泳也能漂浮在水面上。

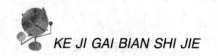

# 神奇的树皮

17～18世纪，美国和欧洲一些国家疟疾流行。因为没有找到特效药，致使不少人丧命。那时的疟疾就像现在的癌症一样令人可怕。

可是，生活在另外半个地球上的南美印第安人，却有很灵的办法对付疟疾。他们用一种树皮煮水喝下去，常常是药到病除。这种树被称作是拯救人们的"生命树"。印第安人订有一条禁规：谁也不准向外泄露这个秘密，否则就把他当众砍死。

那个时候，美洲大陆已在开发，去美洲创业谋生的人日益增多。相传有一位西班牙伯爵带着他的夫人也去了南美洲，不幸夫人染上了疟疾，在她生命垂危之际，有位叫珠玛的印第安姑娘给她送来了树皮汤。伯爵夫人喝了以后，不久病就痊愈了。从此她们结下了深厚的情谊。伯爵夫人回国前，珠玛把这个秘密偷偷地告诉了她。她极小心地把这种树皮带回了西班牙。后来，这个秘密逐渐传开了，那时凡是去南美洲的人都把这种树皮当作珍宝带回欧洲。

渐渐地，这种神奇的树皮引起了科学家的重视。19世纪初，瑞典化学家纳尤斯最先对这种树皮进行研究，发现这种树根、茎和皮之所以能治疗疟疾，是因为含有一种叫喹啉的化学物质。不久，植物学家们根据植物的分类学，把这种树称为"鸡纳树"。化学家们发现，在鸡纳树的根、枝、干及皮内含有25种以上的碱。1820年，有两位化学家从鸡纳树皮内取得了两种最重要的碱，即辛可宁碱和金鸡纳碱，它们都是类似于喹啉的化合物。

19世纪的美国，不论是在工业生产还是在科学技术方面，都处于世界领先地位。鉴于美国没有鸡纳树，而疟疾仍时有发生，因而美国皇家学院希望

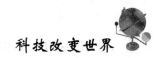

能够用人工方法制取治疟药。最先进行这种尝试的是著名化学家霍夫曼。霍夫曼是德国人，当时，被美政府邀请到美国皇家学院任教。

1856 年，他让助手柏琴从苯胺出发合成能治疗疟疾的金鸡纳碱，但没有成功。

后来，化学家才知道，合成像金鸡纳碱这些喹啉类化合物是相当艰难的。直到 1944 年，武德华得与多灵两人，经过 8 步反应，才完成了金鸡纳碱的全部合成工作。

金鸡纳碱对于像当年在美国流行的那些恶性疟疾的疟原虫具有迅速杀灭的效能，但是对于人类普通的疟疾，只有抑制作用而无杀灭效能。因此，在 50 年代，苏联化学家们又研究出一些新的抗疟药，如扑疟喹啉、氯喹啉等。这样，人类便能在工厂里"种植"这种神奇的树木了。

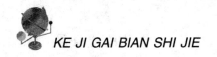

# 神秘的可口可乐

提起"可口可乐",可说是无人不晓。但你是否知道它是由谁发明的吗？它的配方又怎样呢？

100多年以前，美国有个叫约翰·斯蒂斯·彭伯顿的人，他是一家制药公司的老板。他有个癖好，喜欢在实验室里摆弄蒸馏器和各种药水，总想创造出一种有提神、解乏、治头痛功效的药用糖浆。1886年5月的一天，彭伯顿和往常一样，一早就钻进了实验室，他在总结过去经验的基础上重新设计了配方。先将几种能提神、止渴、清心的药剂糖浆混在一起，放入一个大容器中，并加了一些从可乐果、古柯叶和一种从南美洲植物中提取的药剂糖浆，又放了少许咖啡因、糖、磷酸，搅拌混合后发现混合剂呈现出诱人的墨绿色。一尝味道还相当好，这就是最早配成的"可口可乐"饮料。

现在，可口可乐已成为世界上最流行的饮料之一，全世界每天要喝掉几亿瓶可口可乐。然而，可口可乐的配方却是保密的，被珍藏在美国银行的保险箱里，世界上知道这一秘方的人不超过10个。其实，可口可乐中99%以上的配料是公开的：糖、碳酸水、磷酸、咖啡因、焦糖，以及少量从古柯叶和可乐果中提取的物质。它基本上是几种物质的混合物，也许包含了很复杂的化学反应。神秘的配料"7x号货物"在可口可乐的含量不到1%，但为了分析这个神秘的"7x"，许多化学家和竞争者运用了最先进的化学分析仪器，花费了80多年的时间，也没有得出确切的结论，迄今仍是一个不解之谜。

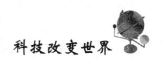

# 明察秋毫

　　交通法规规定：驾驶员酒后不准驾车。因为人饮酒后容易出现神志不清、判断力减弱等现象。如果司机喝得醉醺醺地驾驶车辆，很容易发生车毁人亡的事故。为此，交通管理部门研制出一种能快速、准确测定司机是否酒后驾车的检测器，这就是酒精分析器。

　　酒的主要成分是乙醇（酒精）。乙醇有一个重要的特性，就是容易与氧发生反应。酒精分析器内含有一种叫三氧化铬的物质。检测时，将分析器贴近司机嘴巴，让司机呼出的气体进入分析器。如果司机确实饮过酒，他呼出的气体中一定含有乙醇蒸气。分析器内的三氧化铬遇到乙醇后，便由原先的橙红色变成墨绿色。随着颜色的变化，分析器内会发出一阵蜂鸣声，表示已"捕捉"到了乙醇。警察根据酒精分析器发出的声音，便可判断出司机是否酒后驾车。

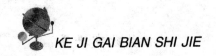

# "点"汞成金

黄金是一种昂贵的金属，更是财富的象征。因此，提炼黄金一直是人们梦寐以求的事情，"点"汞成金更是古往今来人们的追求。曾经有多少人幻想用朱砂（汞的氧化物）或汞之类的廉价金属为原料，通过炼金药的催化作用，使汞转变为珍贵的黄金。

我们知道，汞和金是两种原子结构不同的元素，用化学方法是根本不可能改变原子核结构的，因此，企图通过炼金药使汞变成黄金的梦想是注定不能实现的。

可是，日本传来了令人惊奇的消息，有位科学家实现了"点"汞成金的梦想。他用 γ 射线对准厚12厘米、半径50厘米、重1340千克的水银整整照射了70天，然后经过6天的自然冷却，终于获得了744克黄金。

γ 射线为什么会使汞变成金呢？原来，当 γ 射线射到某种元素的原子核时，这个原子核就可能失去一个质子，变成元素序号少一个的新元素。而汞的元素序号是80，金的元素序号是79，因此，汞在 γ 射线的照射下会转变为金。它的制取过程是放射化学研究的内容，但是，"点"汞确实成了金，γ 射线就是当之无愧的"炼金药"。

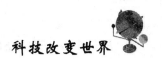

# 泥巴变石头

十多年来，我国化学家征服了葛洲坝的岩石裂缝、龙羊峡的裂缝以及二滩水电站的岩石裂缝。这是怎么回事呢？

就拿已截流发电的黄河上游的龙羊峡水电站来说吧，那里地质结构比较复杂，岩石破裂地带较多，大坝左臂山岳有一条面临库区的岩石破损带，长达 1000 多米，深有 100 多米。在这条破损带中，布满许多大大小小的裂缝，大的粗如手指，小的细如发丝，所有裂缝内都被泥沙或泥浆充填着。试想，对这样的岩层若不进行加固处理，将来大坝上游 100 多米深的水不断地压渗进去，天长日久，就有岩石塌陷、大坝崩裂的危险，后果不堪设想。

怎样解决？用粘合剂！不过这种粘合剂除了需要有一定的粘结强度外，更主要的是要有极强的渗透性和良好的伸缩性。如果渗透性差，那些细如头发，甚至比头发还细的微型裂缝就不能被胶液充填，这就等于留下一个个隐患，放过了一个个"定时炸弹"。之所以需要良好的伸缩性，是因为岩石是热胀冷缩的，而裂缝则相反，它们的宽度是热窄冷宽。要粘结这些裂缝是相当困难的。因为像头发丝那样细的裂缝，不说是粘糊糊的粘合剂了，就是水也难渗透进去呀！可是，化学家们却有办法。几年前，这道技术难关被中国科学院广州化学研究所的研究员叶作舟等攻克了。他们将一种特殊的粘合剂浇灌进去，所以碎石细沙都牢牢地粘在一起，比石头还硬，用铁锤砸也砸不碎。不仅头发丝细的隙缝被胶液渗进去了，就是只有头发丝百分之一细的"超微裂纹"也都没有漏网。

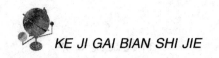

# "太空芭蕉扇"

你大概看见过流星吧，在满天星斗的夜晚，它拖着长长的火光，从天上飞流而下……由此，你可能会想到，一个高速飞行的物体与空气剧烈摩擦所放出的热量是相当大的，而洲际导弹、返地卫星和航天飞机等再入大气层时，肯定也会发生类似的现象。那么，它们为什么没有被烧成灰烬？莫非它们身上带有"芭蕉扇"把"火焰山"的烈火扇灭了不成？

这个问题提得很有道理。

我们知道，射程一万多公里的洲际导弹并不是像普通炮弹那样在大气层中飞行，而是先依靠火箭的强大推力迅速地冲出大气层，然后在高空拐弯，利用它的飞行惯性再入大气层后，一直朝目标飞去。有些卫星，例如科学探测卫星、侦察卫星等，在空间完成预定任务后，它们的返回舱要重新返回地面，因此叫返回式卫星或近地卫星。当洲际导弹的弹头或返地卫星的返回舱重新进入（又称再入）稠密的大气层时，由于以几倍乃至十几倍声速的速度俯冲下来，所以它们的动能非常大，1000 克质量所产生的动能高达 $28 \times 10^6$ 焦耳。这些能量转化成热，足以把 30 公斤的钢加热到沸腾。动能这样大的物体也必然会同流星一样，同大气发生剧烈的撞击和摩擦，在它们前头产生一个高达 100 多个大气压力以上的冲击波，并将波前的大气加热到七八千℃。在这样高的温度下，任何金属都会立即气化。

据理论计算和实验表明：卫星、导弹等再入大气层时，其头部迎风面的热量约占总热量的 98%，流到后身的热量只有 2% 左右。因此，要使它们安然无恙，关键是要解决它们头部的耐高热问题。

怎样解决呢？科学家们对高温金属和陶瓷等试验之后，认为走单一材料的路，都没有办法克服高温和脆裂这两道难关，唯一的出路是找复合材料。

提起复合材料，也许有人感到陌生。其实，我们日常接触到的三合板、钢筋水泥等都是复合材料。两种性质截然不同的物质紧密地粘合在一起，各自发挥自己的长处，于是就得到了比它们单独使用时性能更加优异的新材料。

50 年代初，美、英等国首先开发出第一代复合材料——玻璃钢，即用像棉花那样细软的玻璃纤维浸沾上像胶水一样的环氧树脂加热固化制成的。其突出的优点是强度高、重量轻、耐酸碱。但是，它的主要缺点是不耐高温。

1960 年，有两个澳大利亚的化学家：一个叫布洛克，另一个叫泰尔，把沥青加热时，发现在熔化的沥青中竟然出现了许多球状的液态晶体。在液晶中，沥青的分子排列得十分整齐；而在球晶外面，沥青的分子是杂乱无章的。他们的发现起初没有被人们注意，到了 1970 年才引起美国联合碳化物公司的重视。这家公司的专家把沥青经过精制以后，将沥青球晶进行聚合，做成沥青纤维。再将这种纤维在绝氧条件下进行高温碳化，得到沥青碳纤维。与此

同时，英国皇家航空研究所等，用人造丝（尼龙）、腈纶（人造羊毛，现在不少人喜欢用它织毛衣）等，用高温碳化方法也获得类似的纤维。因为这类纤维分子中的骨架全是碳，故得名为"碳纤维"。其中，沥青碳纤维性能最好。如果说，用 200 公斤的力就可以使腈纶和人造丝碳纤维变形的话，那么要用 600 公斤的力才能使沥青碳纤维

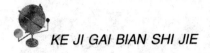
变形。这种高强度、高模量（不易变形）的沥青碳纤维，同有机树脂复合经加压和烧结之后所形成的碳/碳复合材料，比起玻璃钢当然要好得多，因而特别适合做远程导弹和近地卫星前沿的头帽。它有两大优点：

第一，不仅能耐高温，而且比重更小。对洲际导弹来说，这意味着每减少1公斤重量，则增加300公里射程；对宇宙飞船和航天飞机来说，每减轻1公斤自重，则可减少200多公斤的推力，大大节省火箭材料。

第二，沥青碳纤维复合材料在超高温和高气流的冲击下不可能一点不烧蚀，但是，因为它强度高，彼此结合非常牢固，所以烧蚀速度很慢，并且在燃烧后结成一层非常坚固而疏松的"海绵体"。这层只有两三厘米厚的海绵体，既可防止进一步烧蚀，又可起隔热作用，使内部的设备仪器安然无恙。

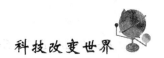

# 不怕火烧的布

相传，在中世纪有个法兰克王国，常常受到强邻——拉西德王国的欺侮。一天，拉西德酋长派了两个代表到法兰克王国去，要法兰克王国的查理曼大帝交出一大片城市。

拉西德的代表们神气十足、不可一世地来到查理曼大帝那里，狼吞虎咽般吃着桌上的佳肴美酒。他们喝得酩酊大醉，把菜撒了一桌，弄脏了洁白的桌布。

石棉布

查理曼大帝叫侍从们把菜盆拿走，把那块脏桌布往火里一扔。烧了一会儿，侍从们从火里又把那块桌布拿出来了，说也奇怪，那块桌布不仅没烧坏，而且变得既洁白又干净了。

拉西德的代表们见了吓了一跳，以为查理曼大帝有什么魔法。在谈判时，他们哪里还敢要地、要城市，只是诺诺连声，签订了互不侵犯条约，跑回去了。

其实，查理曼大帝并没有什么了不起的魔法，只不过那块桌布是用石棉做的！

石棉，长得与棉花一样，不过纤维更粗些、短些，没有棉花那么结实。按照化学成分来说，石棉与棉花大不相同，石棉是矿石——镁、铁、钙的硅酸盐。

硅酸盐一般都是能耐高温的，不怕火烧。炼铁工人、炼钢工人、消防队员常常穿着石棉衣服。乍看去，石棉衣服很像是白帆布，但是，棉花在400℃以上就会变焦、发黑，而石棉在1000℃也能耐得住。工业上，常常用石棉来制造许多耐火材料。

# 二、最有趣的物理

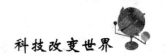

# 飞行中的不速之客

1984年1月的一天，在苏联黑海之滨的索契市机场内，一架满载乘客的"伊尔18"客机腾空而起，飞向蓝天。

机场附近天气情况良好，但距离航线约40千米处有雷雨云。

当飞机上升到1200米高空时，突然有一个直径约10厘米、浑身发光、像个大火球的怪物闯进飞机驾驶舱，随后，发出了一声响亮的爆炸声。不久，那个怪物穿过驾驶舱密封的金属舱壁，来到乘客座舱内。它在乘客头上飘飘忽忽缓慢地游动着，有时还发出"唑唑"的声音。

原来平静的机舱被这不速之客搅乱了：有的人用尖厉的声音呼爹喊妈，有的人害怕地直把身子往下缩，有的人合拢双手祈求"神火"保佑，有的人兴奋地大喊"UFO，UFO"。

机舱内有位乘客是气象工作者。他知道这是一种罕见的现象，准备拿出照相机摄下这一镜头，谁知那火球却钻到了后舱，分裂成两个光亮的半月形，随即又合并在一起，发出不大的声音，离开了飞机。

这个怪物在乘客中间引起了极度恐慌与不安，大家感到不可思议。

其实，类似这样的怪事，过去也曾多次发现过。

1963年8月的一天下午，在中国湖南省益阳县某个公社的上空，突然从黑云中落下一个闪光的火球，它一边往下掉，一边发出呼呼的响声。后来，它从窗外闯入一个生产队的仓库，上下跳跃。人们不知这是什么东西，忙拿

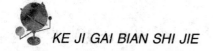

起脸盆、木桶用冷水往上泼，结果火球腾空而起，将屋顶冲破一个大窟窿，溜之大吉。

1872年7月5日，法国巴黎一家裁缝店的裁缝正在剪裁衣料，突然一个浑身明亮，像个火球的怪物，从壁炉里钻出来。怪物落到裁缝的脚跟前，裁缝吓得面如土色，紧张而又小心地把脚向后挪动，那怪物好像故意同他开玩笑似的，也跟着他飘动，并向上升起，渐渐靠近他的面部。裁缝双腿一软，倒在地上。那怪物却继续上升，朝着纸糊的壁炉烟囱口飞去。它撕破那张纸，不慌不忙地钻入烟囱，顺着烟囱上升，忽听得"轰"的一声，壁炉炸毁，怪物也不见了。

"幸亏我们的飞机没受损伤。"当乘客们正在暗自庆幸时，机舱里响起了机长的声音："请注意，由于我们的飞机遭到不明火球的袭击，机上的雷达和部分仪表失去效能，现需紧急着陆，请大家系好安全带。"

"还是没有逃脱怪物的魔力！"有些人沮丧地诅咒着。

经过检查，发现在怪物进入和离开处——飞机头部外壳板和尾部各留下了一个窟窿，但飞机内壁没有任何损伤，乘客也没有受到任何伤害。这真是不幸之中的大幸。

那个火球怪物究竟是什么东西呢？

怪物既不是UFO，也不是"神火"，而是球状闪电，这是一种奇特的自然现象。

这种球状闪电，直径大的可达10米，小的像乒乓球，一般的有足球般大，中心部分很明亮，飞行时会发出"嗞嗞"的声音。

球状闪电最喜欢钻洞，在移动时，它并不烧坏附近的可燃物，只有爆炸时才毁坏建筑物或造成人畜伤亡事故。

当天空出现大雷雨和闪电时，最好关上门窗，谨防不速之客——球状闪电穿户入室，如果入室，千万不要去碰它。

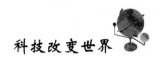

# 超重和失重

在大型游乐场中，超级秋千、云霄飞车和勇敢者转盘等游乐项目最为惊心动魄，也最受人欢迎。玩过一回的人，都会体验到那种难得的刺激：飞车翻腾，忽上忽下，时而压迫感难忍，身躯好像要被挤扁似的；时而虚飘飘无依无托，仿佛正坠入万丈深渊。这让人心惊肉跳、失魂落魄的一分多钟时间，说得好听点是"花钱买感受"，说得难听点是"花钱买罪受"。

上面说的那种不寻常的感受，涉及超重和失重问题，这些现象归根结底是重力场或者说引力场里的现象。引力场是一种被赋予了物理属性的空间场地，它能吸引处于这种场地里的任何一个物体。它的基本特性是，所有处于场中的物体，不论它们的质量多大、带不带电荷，只要初始条件相同，它们就能在场中都以相同的方式运动。引力场理论与牛顿万有引力定律的原始表述的根本区别在于，消除了引力作用的瞬时性质和超距性质，而把物体之间的引力作用看成是由引力场这种媒介物质来传递的。

什么是超重现象和失重现象呢？举例来说，假如我们一边乘电梯上楼，一边在里面用磅秤称体重。此时人会受到竖直向下的重力和竖直向上的弹力。根据电梯运行的速度变化，磅秤上显示的重量，即视重，是不一样的。假如电梯匀速上升，磅秤上的视重就是人的实际重量即实重；假如电梯加速上升，磅秤上的视重就会超过人的实际重量，这就是超重现象；假如电梯减速上升，磅秤上的视重就会少于人的实际重量，这就是失重现象。类似地，假如电梯匀速下降、加速下降和减速下降，那么相应地人会处于实重、失重和超重3种状态。

一般来说，超重和失重，就是物体在竖直方向做加速和减速运动时，对支持物的压力或者对悬挂物的拉力不等于所受重力的现象。当加速度的方向向上时，即加速上升或减速下降时，出现超重现象；当加速度的方向向下时，即减速上升或加速下降时，出现失重现象。

我们向天上抛一块小石头，当小石头下落时，可以近似地把小石头看做是自由落体，它的加速度大约是 10 米/秒$^2$，或者说每秒速率的改变为 10，这叫做重力加速度（常用 g 表示），方向竖直向下。假如我们乘坐在一台以重力加速度的量值下降的电梯里称体重，此时磅秤上的视重就是零（按牛顿第二定律很容易算），这就叫完全失重状态。这只是打比方，实际上，任何一台电梯都不可能变成自由落体。不过，像玩蹦极游戏那样，用一根牢固而有弹性的绳子拴住人的脚或腰，然后从几十米的高空像自由落体似地往下跳，想必就能尝到完全失重的滋味。

超重和失重现象，在航空航天领域更是普遍存在。火箭在升空时，加速度可以达到重力加速度的 10 倍，即 10g，导弹则可以达到 30g。为了预防超重现象引起的损害，必须事先加固航天器的各部分器件。对于人来讲，一般人对超重的承受力为 3.8g，飞行员由于经过训练，可以承受 4.6g。处于超重状态的人，心脏所受的力也相应增大，心脏中的血液也处于超重状态，为了维持正常的血液循环，心脏的负担也就比平时要大得多。原本心脏就不太好的人，最好不要冒这种险。此外，人在超重状态下还会受到神经、代谢、内分泌活动紊乱的"超重生理反应"的困扰，严重的会因脑缺氧而导致记忆力丧失。

航天飞机在环绕地球的轨道上运行时，由于重力加速度会部分或全部地用来提供向心加速度，因而会处于失重或完全失重状态。这使得飞船里面的太空人的生活状态异乎寻常：他们不会发出打鼾的声音，因为失重，喉咙中的小舌头就不会下垂，也就不会因呼吸而引起振动发出鼾声。汤匙中的汤水不是想象的那样飘浮在空中，而是由于汤水的表面张力而附着在汤匙上。人出汗时，汗珠不会一滴滴地往下落，而只会汇聚在一起，融成一大团。

失重给宇航员们无疑会增加很多麻烦。稍为蓬松些的衣服就会膨胀起来，

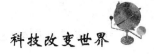

必须穿紧身衣才行；食物要装进牙膏式的管子，然后挤进嘴里；喝水要用有密封盖子的特殊吸管；睡觉要钻进特制的睡盒内，并用绳带锁定；行走要穿带有钩子的鞋，以便钩住网状的地面；洗头和洗澡显然更加麻烦，于是成了非常难得的享受。长期生活在重力场中的人，一旦失去重力作用时，体液的流动会受到失重的影响，血液循环、心脏系统、泌尿系统都会出现反常变化。在太空中生活时间过长的人，还会出现骨质疏松、肌肉萎缩无力、红血球减少等症状，严重影响身体的健康。

在人类还没有进行航天飞行之前，爱因斯坦提出过这样一个问题："在失重的条件下（如在宇宙飞船中），能点燃蜡烛吗？"他自己回答说不能。他的理由是，处于失重状态下的空气不再受到重力，蜡烛燃烧时，热空气不再上升，冷空气也不再下降，于是蜡烛被燃烧过的热空气所包围，烛芯就得不到氧气的补充，因而很快就会熄灭。人们为了检验爱因斯坦的推测，做了不少实验。例如，在一只氧气供应充足的密封容器中放入点燃的蜡烛，并让这个容器从70米高的地方自由下落，以此造成一个失重的环境。结果呢？蜡烛并没有熄灭，只是烛焰比平时暗淡一些，并且烛焰的形状是个球形的。这次爱因斯坦为什么错了呢？原来，他忽略了空气热运动的存在。即使没有对流，含有氧气的新鲜空气仍然可以通过扩散到达烛芯，维持蜡烛的燃烧。只是烛焰因为没有冷、热空气的对流而暗淡一些。同时，由于失重，空间的各个方向是各向同性的，因而烛焰是球形的。宇宙飞船上天之后，苏联的科学家在"联盟8号"飞船上顺利地进行了焊接工作，证明了在失重条件下，的确能够维持燃烧。爱因斯坦居然也有错的时候，这就应了我们中国的一句老话："智者千虑，必有一失。"

# 玻璃瓶托金

宋徽宗有 10 个北方特色的玻璃瓶，玻璃瓶口小腹大，样子非常惹人喜爱，工艺又精细，在宫中也算得上是珍品。有一天，徽宗观赏着玻璃瓶，突然想起要在瓶内托一个金的里子，便命令小太监去找皇宫中的工匠办。但工匠们都不敢接受这项任务，他们说："金里子放进瓶中，必须用烙铁烘烫，才能服帖。而这瓶口太窄，烙铁放不进，瓶子又脆又薄，也经不起手触弄。如果硬做，瓶会破碎。"因此，宁可让皇上怪罪，也不敢给玻璃瓶托金里子。太监知道这件事不能勉强他们，随意将玻璃瓶存放在箱中，暂将此事搁在一旁。

过了几天，太监在街上店铺间，看见一个锡匠正在陶器瓶口上装饰金银，手艺十分精湛，太监心里一动，转身回到宫中，拿了一个玻璃瓶，试着交给锡匠问："能在这瓶子里托一个金的里子吗？"

锡匠二话没说，要太监明天来取。第二天，太监前来取瓶，果然，玻璃瓶内已托好了一个金里子，而且质量叫人满意，挑剔不出一点毛病。

太监十分高兴，说："我看你的手艺超过皇宫中的工匠们，却在这种地方敲敲打打，才能不能发挥，莫不是因为贫穷而得不到机会？"

接着又把玻璃瓶托里子的前后经过告诉他。不料锡匠淡淡地说："这是一件非常容易的事。"

太监当即带着锡匠进宫，向徽宗禀报清楚。徽宗想亲眼看看锡匠如何给玻璃瓶托金里子，便来到了后花园。又命宫中所有的工匠集中到院子里，一个挨一个再过问，工匠们还是说没有办法给玻璃瓶托金里子。

锡匠独自走到前面，将金子放在炉火上加热后锤打，打成像薄薄的一层纸，拿起来裹在玻璃瓶的外面。工匠们讥笑说："像这个样子，谁不会呢？原

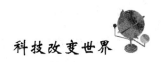

就知道你是个平庸的锡匠，怎么会做玻璃瓶内托金里子的事！"锡匠笑笑，也不回答。他把裹在玻璃瓶外的金子剥下来，用银筷子夹好，小心地插到瓶中，然后慢慢地将水银灌入瓶中，盖上瓶口，左右来回摇动。这样过了一会儿，又把玻璃瓶中的水银慢慢倒出来，只见金里子服服帖帖地托在瓶内，一点缝隙也没有。锡匠又慢慢地用自己的指甲把瓶口的金子擦匀压平。院子里的工匠们惊讶得瞠目结舌。

锡匠这时才说："玻璃制成的器物，怎么还能让坚硬的东西磕碰呢？惟独水银，又柔软又沉重，慢慢灌入瓶中，不会使瓶损伤。水银虽然对金子有腐蚀，但在里面，眼睛看不到，所以不受什么影响。"

徽宗十分高兴，重重赏赐了这个锡匠，并让他将剩下的 8 个玻璃瓶也托上金里子。

水银是自然界中一种比较特别的物质。它的比重很大，是水的 10 多倍，又以液体的形态存在，同时具有这两种特点的物质在自然界中并不多见。液体具有形状可变性，充塞性非常好，水银灌入玻璃瓶，便很快充塞满瓶内的空间，同时也将金里子贴向玻璃瓶。当盖上瓶口摇晃玻璃瓶时，因为水银的比重很大，感到很沉重，但水银对金里子的挤压力相应也很大，摇动多次，便能将金里子服服帖帖地托在玻璃瓶内。

# 谁是偷鱼贼

一天，丁老师给同学们讲了一个故事：

从前，有一个商人，在荷兰的阿姆斯特丹港口，向当地渔民购买了5000吨青鱼。为了防止丢失，他亲自监督过磅，然后又看着装上了船，这才放心地起锚开航了。旅途中，他派专人看守盛鱼的船舱，以为这样做，总该万无一失不会少了吧！这样，船经过了几十天的航程，来到了非洲赤道附近的马加的沙港停泊，准备在那儿将鱼脱手卖出去。谁知，一过秤，却发现青鱼少了将近19吨。奇怪！短缺的鱼到哪里去了呢？被偷是不可能的，因为轮船沿途并没有靠过岸哪！当时，大家都无法揭开这个秘密。

"丁老师，我看准有个高明的偷鱼贼，躲在船舱里，乘他们不注意把鱼丢到海里去了！"小淘气好像猜着了这个秘密似的说。

小钻研也感到惊奇，问道："一个物体有多重就是多重，怎么会这儿称称10斤重，到那儿称称又只有9斤多了呢？"

丁老师接着说："一个物体的质量是不会变的，因为质量就是物体所含物质的多少。可重量呢？它是物体所受到的重力的大小，是由于地球对物体的吸引而产生的。地球对同一物体的吸引力，在地球表面的不同地方，实际上是不完全相同的。你们知道，地球是什么形状吗？"

"像皮球一样——圆的！"小淘气随口回答说。

"不，我看过一本介绍地球的书，它说地球并不是一个真正的圆球，在赤道处肚子是挺出来的呢。"小钻研改正说。

"对，严格说来，地球是一个扁椭球体。它的赤道处的半径是6378千米，如果我们从赤道往两极去，就将和地心的距离越来越近。从南北极到地心的距离却只有 6357 千米，同赤道相比，竟相差 21 千米哪！地球对一个物体吸引力的大小，是随着它离地心距离的大小而变化的。距离近了，吸引力就大些；距离远了，吸引力就小些。据有关科学家计算，在两极地区物体的重力，要比赤道附近大 0.53%。如果在南北极称是 1000 克重的东西，运到赤道附近时，就只有 994.7 克了。"丁老师有理有据地说。

稍停了一会儿，丁老师又说："此外，物体的重量还同地球的自转速度有很大的关系呢。平时，你们有这样的体会吧：下雨天，你将张开的雨伞猛地一旋转，雨水就会向四面八方飞溅出去。我们站在旋转着的地球上，为什么没有像旋转伞上的雨水一样被抛出去呢？这是由于地心吸引力把我们紧紧拉住的缘故。在南北极，基本上不受地球旋转的影响，所以，那儿的重力最大。在赤道附近，那儿的旋转速度最大，重力反而要减轻 1/191 哩。现在，你们能回答谁是偷鱼贼了吗？"

只见小淘气忽然站起来，说："这偷鱼贼，原来就是'地球引力'呀！"

丁老师点点头，说："是啊！是'地球引力'在跟人们开玩笑。5000 吨青鱼从北极附近运到赤道，重量就要减少 19 吨哪！"

"如果我们在高空中称体重，会不会比在平地上轻些呢？"小钻研提出了问题。

"会的。假如一个人能够在离地面 6400 千米的高空称体重，本来是 60 斤，这时却只有 15 斤了。这是因为，你离地心的距离比在平地上增加了一倍！"丁老师肯定地说。

小钻研又问："丁老师，如果我们登上月球，人会不会更轻些了呢？"

"小钻研想得很深。好，请坐在靠窗的同学拉一下黑帘布。我带来一部《宇航员登月》的纪录影片，让我们来边放映边回答小钻研提出的问题。"丁老师说着，从地上拎起一架小型放映机，放在讲台上。

不一会儿，电影开演了！只见雪白的墙上出现了深蓝色的夜幕，接着一个银辉灿灿的圆球出现在夜幕上。

丁老师解释说："由于月球的个头儿比地球小，分量轻，81 个月球的质

量加起来，才抵得上一个地球的质量。所以，月球对物体的吸引力要比地球小多了，它只有地球的1/6。一个来自地球60斤重的人，来到月球一称，嘿，只有10斤重了！"丁老师换了一口气，又说："你们看，月球上到处都是坑坑洼洼的，那些纵横交错、奇形怪状的山叫环形山；还有连绵不断、高大的群山以及陡峭的峡谷和纵横交错的沟渠……尽管这样，宇航员在那儿走起路来却身轻如燕，跳跃自如。可以设想一下，要是在这儿开个运动会的话，倒是怪有趣的。像跳高、跳远、举重、赛跑、标枪等项目，准能创造出惊人的新纪录来！"

电影很快结束了，黑帘布拉开了，教室里顿时充满了明媚的阳光，荡漾起同学们热烈的讨论声。

# 阿基米德借"神火"

距今 2000 多年前，古罗马奴隶主向位于地中海西西里岛上的叙拉古王国发动了侵略战争。

罗马侵略者就像一头饥饿的野狼面对一只肥美的羔羊，恨不得将叙拉古王国一口吞下。但叙拉古王国军民奋勇抗击，使敌人寸步难行。

侵略者头子气坏了，心想：一个小小的叙拉古都抢不过来，还成什么体统？于是他们又调集更多的战船，排列在叙拉古城堡附近的海面上，随时准备扑到岸上来。

叙拉古王国有一位智者，名叫阿基米德。他善于动脑筋，会想出许多好办法。面对罗马的无数战船，他又开动了脑筋：怎样才能把敌人的战船破坏掉呢？用石炮打不着，用挂钩吊不翻。

这一天，阿基米德站在船头又在观察敌战船情况，烈日照在船帆上，白亮亮一片。猛地，老将军把手一挥："有办法了。"

双方又僵持了一个月。情况对叙拉古越来越不利，眼看就要坚守不住了。阿基米德大声地号召军民："再坚持三天，我就有打败敌人的办法了。"

三天后，一个大晴天，阿基米德命令："全体坚守战斗岗位，胜利就在今天！"

叙拉古军民莫名其妙："敌人这么强大，我们怎能取得胜利呢？"

还真是怪了，罗马战船突然一只只冒烟起火了。白帆上先冒烟，被海风一吹，"呼"地一下着起火来。风借火势，火乘风威，只见浓烟滚滚，一片火海。罗马士兵惊慌失措，大声喊道："天上降神火了，天上降神火了。"士兵们有的被烧死，有的跳到海里被淹死。罗马战船除了有几只侥幸逃脱外，其

余全部在浓烟烈火中沉入大海。

阿基米德借来的不是神火，而是太阳之神的火。

那一天，阿基米德在城头察看罗马战船时，阳光照在船帆上，白亮亮一片，给了老将军启示，使他想起了平时琢磨过多次的取火镜。

取火镜就是现在说的聚光镜，也叫凹面镜，它能把阳光集中到一点，这一点叫焦点，焦点的温度相当高，可以用来点火。

阿基米德说干就干，马上找来一批工匠，秘密打制上百面铜镜，用了一个月的时候。为了保险，又用了三天进行试验，效果好极了。于是，在战争处于最关键的时候，阿基米德胸有成竹地宣布："胜利就在今天！"

那一天，天空晴朗，烈日高悬，阿基米德派数百名士兵手持聚火镜，站在选好的位置上，对准罗马战船的白帆照起来，一会儿，罗马战船就开始冒烟了。

# 用冰取火

希腊神话中，普罗米修斯将火种从天上偷引到地上，成为人类歌颂的大英雄。人类的文明史离不开火，现在人们的生活、工作也缺不了火。聪明的人类发明了火柴和各种各样的打火器，可以十分方便地点燃起火焰。

有一支探险队，在南极洲的暖季到达那块大陆时，却不幸丢失了打火器，能找的地方都找过了，就是不见打火器的踪影。

南极洲的暖季，虽然太阳不落，永远悬挂在天空中，其实气温也在 -10℃左右。没有火，就不能烧水做饭维持生活；没有火，生命将处于危险之中。

探险家们不会束手无策，静待死神的到来。船长和一位科学博士开始研究点燃火堆的办法。船长说："有一部小说，主人翁鲁滨孙在孤岛上所用的火种，是靠闪电点燃一棵树木获得的，可惜这种偶然的外界帮助，机会太少了。"

"是太靠不住了。"博士回答。

"我们连一个望远镜都没有，如果有望远镜，倒可以把透镜拿下取火了。"船长又说。

"是呀，"博士回答说，"可真太遗憾了，我们竟没有这个东西。太阳光倒很强，有了透镜，一定能够烧着火绒的。"

"怎么办呢？博士，全靠你了。"船长说。

"我们为什么不……"博士沉思地说。

"你想出了什么办法？"船长好奇地问。

"但是，不知道能不能成功。"博士犹豫不定地说。

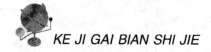

"你到底想出了什么办法？"船长追问道。

"我们不是没有透镜吗？我们自己造一个。"

"怎样造法？"船长问道。

"用冰块来造。"博士说，"我们需要的不过是使太阳光聚焦到一点，用冰块也许和用水晶一样有效。但是，要选用一块比较坚实和比较透明的。"

船长指着一块冰块说："这块冰块也许能满足你要求。"

博士和船长一同向那块冰块走去。确定它基本符合要求后，船长叫来了其他的人。博士下令砍下一大块冰来，这块冰的直径大约有 0.5 米。先用斧头把它砍平，然后用小刀精修，最后用温暖的双手不断摸弄，慢慢地做成了一个光洁透明的半球形的"冰透镜"。博士拿着这块"冰透镜"向着太阳，让太阳光穿过"冰透镜"聚焦到一团干燥蓬松的火绒上。一会儿，火绒冒出淡淡的一缕青烟，又过了一会儿，火绒上出现一个红点，顷刻间，火绒燃烧起来了。一场危机终于过去了，探险队又开始了正常的工作和生活。

冰与火，我们常认为是不相容的，科学却让我们用冰取得了火。凡是透明的东西，光线便能够穿过它，所以透明很好的冰，本身不会吸收很多太阳光，以至转变成热量，造成温度升高和熔解。而由于把冰块做成半球形透镜，根据光学原理，穿过冰块的光线会聚焦到一点，使火绒处在这一点时便吸收到大量热量，温度升高，燃起火焰。

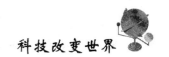

# 捞 铁 牛

宋朝时候，我国经常遭受水灾。公元 1034～1060 年间，黄河就曾三次决堤。

有一年在河中府地方（现在的山西永济）也发生了大洪水。汹涌的大水淹没了庄稼，毁坏了道路，那里的一座浮桥也被冲断，连 8 只用来固定浮桥的每只几吨重的大铁牛，也被牵动到河的下游，陷进淤泥里去了。

过了几天，洪水退走，人们开始重整家园，并计划修复这座浮桥。但是，铁牛还沉在河底里，要修复浮桥，先得把铁牛捞出来。可是又怎样才能把它从河底里捞出来呢？铁牛好几吨重，谁有那般神力？官府贴出了"招贤榜"，招请能把大铁牛从河底里捞出来的能人。白纸黑字，分外惹眼，榜前围了许多人，议论纷纷，但谁也没有好主意。

忽然有一个人，一伸手把"招贤榜"揭了下来。大家一看，揭榜的竟是一个过路的和尚，他略显清瘦，面孔白净，穿着宽大的法衣。有位老人好心地对和尚说："大师父，一只铁牛好几吨重，如今又陷在淤泥里，要把它们捞起来，可不是一件容易的事呀！难道你能请神仙来帮忙？"

那和尚却不慌不忙地笑着说："我哪里有什么神来帮忙，水冲走了铁牛，我就再叫水把铁牛送回来。"

和尚派人找来两艘大木船，把它们并排拴在一起，中间留出一个空隙，叫人在两船之间用大木头搭起一个架子，成为一个"艹"字的样子。再叫人在船上装满泥土。然后他亲自带人，将船划到铁牛沉没的地方，挑选了几个精悍的年轻人潜入水底，用一些绳索牢牢地绑住铁牛。然后把绳子的端头拽回船来，拉直后拴在木架上。一切安排妥当，和尚招呼众人把船上的泥土一

锹一锹地扔到河里。船上的泥土一点点地减少，拴在木架上的绳索一点点地拉紧。当船上的泥土快要扔完时，终于"舟浮牛出"，那几吨重的铁牛从河泥里拔了出来，吊在水中，被船拖到了原来的位置。

霎时，人们雀跃欢呼，围住这位聪明过人的和尚，赞扬感谢他。就这样，一次又一次，8只大铁牛全部被拖运好。官府为了奖励这个和尚，特地赶做一套"紫衣"袈裟赐给他。

这个和尚就是我国古代的工程家怀丙。他捞起沉重的大铁牛，也是利用物理学上浮力原理。大船装满泥土后，"吃水"很深，排开的水量很大，向上的浮力也很大，等于装满泥土的大船的总质量。把泥土扔掉一点，船的总质量就小于浮力了，船应当向上浮，可是又被连结铁牛的绳索拉住了。于是这多余的浮力便通过绳索拉铁牛。扔出的泥土愈多，多余的浮力愈大。当它超过铁牛在水里的向下沉力和淤泥对它的吸力的时候，铁牛就会和船一起向上浮动，离开河底，船就可以拖着它在河里慢慢前进了。

现在在打捞沉船的方法中，有一种"浮筒打捞法"，也是同样的原理。打捞时，先往体积很大的密封钢筒——浮筒里灌满水，让浮筒沉下去。潜水员潜入海底用钢缆把浮筒拴牢在沉船上。再开动空气压缩机把筒里的水排开去，就像怀丙把船上的泥土扔到河里去一样，这样，浮筒就有了多余的浮力将沉船往上拉，浮力大于沉船的重量时，就能把沉船捞上来。

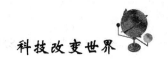

# 医生之笛

人体内部，进行血液活动的心脏，负责气体进出的肺脏，以及另一些有运动舒缩能力的脏器，一刻不停地发出不同的声音。有经验的医生根据某个脏器发出的声音变化，就能确定它正常或是处于病理状态。最初，医生隔着一条手巾用耳朵直接贴着病人身体的适当部位来听音。这种方法不太卫生，而且因听到的范围比较广，难于准确辨别音响发生的部位。虽然如此，历史上有将近1500年的时间，毫无发展地沿用这种方法。

1816年的某一天，法国巴黎一所豪华的府第门前，"嘎吱"一声停下一辆急驶而来的马车，车上走下著名的医生雷内克，他是被请来给这儿的贵族小姐诊病的。面容憔悴的小姐，在女仆的搀扶下，早已来到了客厅，她坐在长靠背椅子上，紧皱眉头，手捂胸口，看起来病情不轻。雷内克医生温和地问道："小姐，哪儿不舒服？"小姐指着胸口诉说病情后，雷内克怀疑她是患了心脏病。

若要使诊断正确，最好是听听心脏跳动的声音。但病人是位年轻小姐，不宜用耳朵直接贴着她的胸部来听诊。这可怎么办呢？雷内克在客厅内一边踱步，一边思考新的方法。为了不打扰他，其他的人一点儿也不敢走动和说话，客厅内的空气像凝住了一般，只有医生机械的脚步声，告诉着大家时间在流过。

听着自己的脚步声，突然雷内克的脑海里浮现出了邻居小孩们在一根大圆木上的嬉戏：一个小孩在一端用针刮划，另一个小孩把耳朵贴在另一端，就能清楚地听到沙沙声。终于，他由此事得到了启发，马上叫人找来一张纸，将纸紧紧卷成一个圆筒，一头按在小姐心脏部位，另一头贴在自己耳朵上。

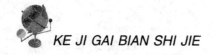
果然，小姐心脏跳动的声音，给雷内克医生听得一清二楚，连其中轻微的杂音，也给他听出来了，真是比直接用耳朵贴着胸部还清晰。他高兴极了，告诉小姐病情已经确诊，并且一会儿就开好了药方。

雷内克医生急匆匆地赶回家中，又找人专门制作一根空心的木管，使用起来又方便又好，这就是第一个听诊器，与现在产科用来听胎儿心音的单耳式木制听诊器很相似。它的样子像根笛子，所以人们称它为"医生之笛"。后来雷内克又做了许多次试验，最后确定，用喇叭形的象牙管接上橡皮管子，效果更好。

仅仅使用了一根"医生之笛"，为什么雷内克医生隔着胸脯，听到了原来不能听到的小姐心脏跳动的声音呢？我们还是先看一看声音究竟是什么。原来各种声音并不是凭空发出来的，总是有一个物体在振动。我们敲一下锣，就听到锣响了，紧接着用手摸一摸锣面，就会觉得手有一些发麻，这就是锣面在振动。如果敲一下锣，又用手使劲把锣一按，锣面的振动停止了，也就听不到锣响了。当然，物体振动发出声音，声音传到我们耳朵里，才能听得到。是什么东西把它送到我们耳朵里呢？一般是靠空气。一个物体发生振动后，使它旁边的空气也振动，这部分空气的振动又带动前面的空气振动，由近到远，直到我们耳朵。空气传播振动时，一般向着四面八方分散，当距离较远时，这种振动也很微弱，也就是能听到的声音很小。但是，除了空气能传播振动外，木材、金属等固体也能传播振动，而且它们的传播本领比空气强，使用"医生之笛"时又让声音单方向传到医生耳朵里，所以雷内克医生借助"医生之笛"，能隔着胸脯听到小姐心脏跳动的声音。

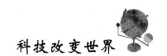

# 太阳里的知识

太阳给我们送来了什么？

我们最直接的感受是：太阳送来了光和热。

除了直接的感受以外，太阳能还转化成一大批贵重的礼物：粮食、煤、石油以及电力。地里的庄稼在阳光的照射下，才会进行光合作用，从而生长发育开花结果，人才有了粮食。而远古的植物和动物的尸体被埋在地下，转化成煤和石油。今天烧煤，是在消耗远古的太阳能。太阳还把海水晒热，产生水蒸气，送到大陆变成了雨，雨水贮在水库里，用来发电，太阳能转化成了电能。

地球上的能源，绝大多数来自太阳。抬头看看太阳，不由得感叹，太阳时时刻刻在向外发射能量，地球接收到的能量只是很小很小的一部分。太阳的能量该是多么巨大，太阳能是怎么产生的呢？

不同的时代，有不同的答案。

在科学不发达的年代，人们看到火红的太阳，就联想到太阳是个大火球，一定存在着燃烧现象，会不会是煤在燃烧？可是，稍有头脑的人说，就算太阳是个巨大的煤球，它又够烧几年呢？无论太阳多么巨大，按体积计算，也就只够烧几千年，就算能烧 1 万年，"煤球"也烧完了。可是，太阳的年龄却是 50 亿年，哪里有什么烧了 50 亿年的大"煤球"？

太阳能来自燃烧，仅仅是一种猜测。猜测不是科学，说出来跟没说一个样，不知道还是不知道。

到了 19 世纪，有位天文学家在研究太阳是怎么形成的时候，同时回答了太阳能是怎么产生的。他说，太阳原来是一团大星云，体积非常大，就像今天整个太阳系那么大，后来逐渐凝缩，在凝缩的过程中，由于引力的作用，外围的质点纷纷涌向太阳中心，产生了动能，转化为光和热向外辐射。在当年，星云学说是引人注目的理论，相当多的人接受了这个说法，以为这就知道了太阳能的来源。

进入 20 世纪，科学发展了，科学家首先关心的不是去解答太阳能从何而来，而是太阳上有些什么物质。因为射到地球上的太阳光就是重要的信息，太阳光通过三棱镜就会分成颜色鲜艳的七色光。从那些宽窄不同的彩色谱线中，就能分析出太阳上的物质。1929 年，美国科学家罗素反复地分析了太阳光谱，告诉人们，太阳这个大火球，实际上充满了气体，绝大部分是氢。按质量计算氢占 71%，氦占 27%，其他元素只占 2%。

这时候，原子科学也有了发展，研究原子的科学家也关心起太阳能从何而来，他们根据太阳含有丰富的氢进行分析，认为太阳内部存在着核反应。贝特是出生在德国的美国科学家，他认为，4 个氢核结合成 1 个氦核，产生了能量，也就是说，氢是太阳的"燃料"，氦是烧下来的"灰"。贝特的说法，不仅解释了太阳能的来源，还扩大到恒星，恒星发光也是这个原理。

贝特的理论告诉了我们，太阳和恒星的能量来自核反应，是核聚变的结果。为什么太阳能产生大量的光和热，辐射出大量的能量？是靠烧掉了一些氢，每秒钟要损失 400 万吨物质！但是，太阳中的氢实在太多了，还经得起消耗，在数百万年以内，这个损失仍只是一个可以忽略不计的小数目，太阳还有几百亿年的寿命。

这样，人们总算知道了太阳能的来源。可是，人的认识总是在不断发展。人们掌握核聚变的技术，制成了氢弹，却有一个解不开的谜。氢弹里有氢核，在高温条件下，氢核一下子聚合成氦，产生了大量的光和热，这一切过程，仅仅在爆炸的一瞬间就完成了。爆炸结束，核反应也完结了，所有的氢都参加了反应。

人们在想，核反应有两种，一种是核裂变，原子弹爆炸就是裂变的结果；另一种是核聚变，氢弹爆炸是核聚变的结果。可是，核裂变现在已经可以加

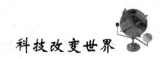

以控制，能按照人的意愿，不是突然爆炸，而是缓慢地连续地进行反应，用来发电，建成原子能电站。可是，氢核聚变却只能以爆炸的形式出现，所有的氢一起参加反应，反应一次完成。

这就产生了一个问题，既然太阳含有丰富的氢，太阳中心的温度又高达上千万摄氏度，为什么不会使所有的氢一起参加反应，为什么不是反应一次完成，而是缓慢地进行，并且已经进行了50亿年！

这个问题也可以反过来问，既然太阳的寿命已有50亿年，由此可见，太阳一直在进行着核聚变，不是一次爆炸式的聚变，而是持续不断地聚变。核聚变能够持续不断地进行，一定存在着一种控制机理，这是我们所不知道的，这是一个谜。

科学家正在力求破解这个谜。科学家为了利用氢这个廉价的原料作为能源，正在寻找控制氢聚合的过程，只要找到控制的办法，就有了大规模利用氢的可能。

也许，太阳会给我们一点启示，告诉我们氢的聚变不一定是爆炸，也可以持续进行，也是可以控制的。

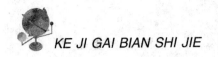

# 长明的航标灯

在靠近港湾的近海，为了使船只安全进出港，总要设置很多航标灯为夜航船指引航向。以前的航标灯一般靠专人专船去安装或更换电池，非常麻烦，费用也很大。

1940 年，英国工程师缪特尔发明了一种波浪发电机，利用海浪上下运动的力量驱动空气涡轮机发电，使航标灯点亮。它的原理并不复杂：当海浪上下波动时，浮体也上下运动，空气室中的空气不断受到压缩和扩张，如同风箱一样。受压缩的空气从露出海面的喷口处以极快的速度喷出，冲向涡轮机，使它快速旋转，这样就带动发电机发电了。

从此以后，绝大多数的航标灯都采用了这种装置。再也不用派人去为航标灯点亮了。

缪特尔工程师是一个善于思考的聪明人。他的别墅建在山上，经常停水，他便在别墅的房顶上设置了一个水池。他把一个家用的活塞式抽水机用连杆与别墅的大门连接在一起。每一个人推门进屋都可以给屋顶上的水池压上 20 千克的水。客人们到别墅来都抱怨缪特尔家的大门太重了，开门特别费劲，建议他修理一下。缪特尔总是笑着说："不用修。这大门是我家水池抽水机的

能源。你一推门，我用水就不犯愁了！"客人们了解内情后，都夸缪特尔会动脑筋。正是这种善于想窍门动脑筋的性格使缪特尔成为一个拥有多项专利的发明家。

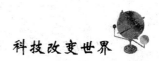

缪特尔还是一个做事非常执著的人。他认准了的事，千方百计也要做成功。

鸡蛋能不能在光滑的桌面上立住？这是一个古老的问题。

人们都认为这是不可能的，但后来却找到了两种解决的办法。

一种是大家熟知的哥伦布解法。他把鸡蛋往桌子上一磕，蛋壳碎了，但是鸡蛋立住了。谁也没像哥伦布这么做过、想过，哥伦布做了，并体现了一种超常的创新探索精神。这正是发现"新大陆"所需要的精神。

另一种是比较科学的巧妙做法。将鸡蛋一旋，鸡蛋在旋转中也立住了。

此后的几百年间，人们只把这个问题当做"脑筋急转弯"的题来考孩子们。但还有一些人仍然不屈不挠地把它当作一个科学命题来研究。即：如果不把鸡蛋磕碎，也不旋转鸡蛋，鸡蛋能不能立住呢？

缪特尔就是这些"钻牛角尖"的人中的一个。他把鸡蛋放到显微镜下观察，发现蛋壳表面是个起伏不平的粗糙面：高处的平均高度是 0.2 毫米，高点的平均间距是 0.8 毫米。在铅笔芯那样大的面积内，至少有 3 个以上的高点。从物理学的原理讲，只要鸡蛋的重心垂线通过这 3 个点的中间，鸡蛋从理论上讲就可以立起来。缪特尔反复进行了无数次的实验，真的把鸡蛋完好无损地静止地立起来了。

缪特尔就是这么一个极富智慧又具有认真分析观察态度的科学家。

有一次，缪特尔从英国乘海轮到法国去。傍晚时分，他看到航标工们驾着小船去给航标灯更换电池。他想，海浪一起一伏的动力，为什么不利用来发电，解决航标灯的电源呢。从此，他与海浪结下了不解之缘，常常一个人坐在海边观察海浪，思索如何将上下运动的波能转变成高速旋转运动的机械能，从而带动发电机发出电力。有一天傍晚，他在海边待久了，直到下起了小雨，他才匆匆往回赶。路途中，雨越下越大，缪特尔躲进一家铁匠铺避雨。看着铁匠太太的手一进一出地扯动风箱，他不禁心中一动。他冒雨冲回家中，连夜在地下室里干了起来。经过 3 天的奋战，缪特尔造出了像风箱一样的空气活塞式波浪发电装置。

这个发电装置有一个直径 60 厘米、长 4 米的圆筒，上面设有两个活塞室，垂直沉下海去，部分浮出水面，活像一个浮标。当海浪上下波动时，活塞室中的空气不断受到压缩和扩张，如同风箱一样。受压缩的空气从露出海面的喷口中以极快的速度喷出，冲向涡轮机叶片，使它快速旋转，从而带动浮筒上面的发电机发电。缪特尔将发电装置送到海里试验，一会儿，浮筒上的灯果然亮了起来。缪特尔高兴极了，他又对发电装置做了一些改善，使发电性能更好。一个发电装置可以发 100 千瓦的电，完全够航标灯使用。

海洋波浪是由海上的风引起的海面上的水的运动。波浪的大小取决于风，风大浪就高，风小浪就低。在一个典型的海洋中部，8 秒的周期里就能涌起 1.5 米高的波浪，而大风暴掀起的海浪可高达 10 米以上。奔腾起伏的海浪，蕴藏着巨大的能量。据科学家测试，海浪对海岸的冲击力每平方米可达 20～30 吨，大的海浪甚至达到 60 吨。它像一个力大无穷的壮士，能将 10 多吨重的岩石抛到 20～30 米的高处，能把上千吨的混凝土防波堤连基冲垮，甚至还能把万吨巨轮掀到岸上去。在 1 平方公里的海面上，一起一伏的海浪蕴藏着 20 万千瓦的能量，全世界的波浪能总蕴藏量为 $10^9$ 千瓦，是一笔巨大而取之不尽、用之不竭的能源。

波浪除了上下运动的能量外，还有横向运动的能量和旋转运动的能量。缪特尔的成功，激发了人们向海浪要能量的热情，目前，世界上许多国家已经就不同方向运动的能量设计了不同的装置进行试验。

最常见的就是缪特尔发明的空气活塞式波力发电机。单个的这种发电机发电能力有限，现在科学家建造了装有许多个装置的波力发电船。这种船长 80 米，宽 12 米，重 500 吨，装有 20 个浮筒，在 3 米高海浪的水面上，能发电 2000 千瓦左右。

现在还研制出了一种固定式海岸波力发电装置。它把空气活塞室固定在海岸边，通过管道内水面的升降来代替浮筒的上下，使活塞室内的空气反复受到压缩和扩张，从而将横向运动的波能转化为机械能，带动发电机发电，每一个海岸固定式发电机容量为 1000 千瓦。

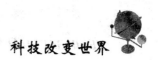

美、英、法、日等国在20世纪90年代还研制出一种更为经济的发电装置——气袋式波力发电机。科学家们将一个个特制软质气袋浮漂在海面上，再用链状轴将它们串连成排，如同一条横跨海面的粗大胶管。海浪扑打气袋，气袋里的空气受到压缩。被压缩的空气驱动空气涡轮机，再带动发电机发出电来。一套由4000个气袋组成的波力发电装置，可以发电2000万千瓦。

最近，日本又开发出一种叫"人造环礁"的波力发电装置，直径达75米，好像一个巨大的油煎环饼，只有顶部露出水面。海浪冲击环礁边沿，并从中央喷口喷出，冲击中间的涡轮机工作，发出电来。一个装置的发电量为10万千瓦。

自20世纪初期以来，人类就锲而不舍地探求发掘波浪能的方法。到20世纪末，科学家们已卓有成效地研制出各种各样的波力发电装置。英国、美国、法国、日本、意大利等国已经开始利用波能发电，节省了大量能源。中国也在积极研制波力发电装置，并已投入试验。对于中国这样一个有漫长海岸线的国家而言，光是大陆沿海就至少有1.2亿千瓦的海浪能量等待我们去开发利用。

科学家们预计，21世纪初，波力发电装置进一步改善以后，将大量投入使用。到21世纪中叶，波浪将与石油、煤、风、潮汐等能源一样为人类服务。它不仅能让航标灯发光，而且能将光明送到地球的多个角落，照亮人类的生活。

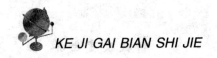

# 诺曼底上空的电子战

1944 年 6 月 6 日，英美联军在法国西北部的诺曼底发动了一场举世闻名的登陆大战役。这一大战役是英美联军著名的"霸王行动"的重要组成部分，目的是夺取集团军群登陆场，为开辟欧洲第二战场，发展对西欧的进攻，配合苏德战场最后击败纳粹德国创造有利条件。

第二次世界大战后期，德国希特勒已经到了穷途末路、困兽犹斗的地步。德军为了作最后的垂死挣扎，在诺曼底半岛的海岸线上构筑了"大西洋壁垒"的防线，妄图倚仗海峡天险抵挡预料中的英美联军的登陆。防线中设置的雷达如蜘蛛网密集，以便密切侦察、监视英美联军的飞机、军舰的活动。这些雷达，在战役开始的前一个多月，便遭到英美联军的飞机和火箭猛烈袭击，摧毁了其中的 80%。

"兵不厌诈"。为了不让敌人知道登陆的确切地点，英美联军于战役开始的前夕，也就是 6 月 5 日，在多佛尔海峡组织了一次大规模的电子干扰佯攻。那天的傍晚，在夜色掩护下，英美联军出动大量舰艇，艇上装载有角反射器，并拖着涂有铝粉的亮晶晶大气球，上空还用飞机抛撒了许多银灰色的金属箔条。角反射器有很强的反射电波能力，使德军雷达观察员误认为是大型军舰；上空抛撒的金属箔条，则造成有大批飞机掩护登陆的假象。另外，还在附近海岸空投人体模型模拟空降伞兵部队，又用一小批装有干扰机和投放金属箔条的飞机，模拟成飞向德国军队驻地的大规模轰炸机群。干扰时间长达 3 ~ 4 小时，成功地欺骗了德军的"眼睛"，使德军误认为英美联军出动了大量舰船和大批飞机，正向布伦方向攻来，赶忙调动许多舰船、飞机和防御部队进驻布伦地区，以防御英美联军从布伦登陆。

"调虎离山计"成功了。正当德军全神贯注设置新防线的时候，诺曼底登陆战役开始了。6月6日凌晨1时，一场暴风雨刚刚过去，英美联军借助有利的气象条件，突然发起攻击。首先派出20架干扰飞机打头阵，干扰德军雷达的"视力"，使得残存的雷达变成"瞎子"、发挥不了作用。随后出动了一支强大的部队，向诺曼底半岛发动了真正闪电式的进攻。德军做梦也没有想到，英美联军会从英吉利海峡抢渡，直到在诺曼底海滩发现蜂拥登陆的联军主力部队时，才如梦初醒。然而大势已去，追悔莫及。英美联军没有遭到任何强有力的抵抗，顺利取得了诺曼底登陆战役的胜利。

电子战，在诺曼底"霸王行动"战役中大显身手，作出了不可磨灭的功绩，使联军的伤亡减少到最小程度，而德军损失惨重，仅联军俘获的德军就超过4万人。

在现代化战争中，这种敌对双方使用电子设备和器材进行干扰和反干扰的斗争，就叫"电子对抗"，对于这一新名词，有人干脆把它称为"电子战"。

确实，电子战不像枪战炮战，它没有用电子去消灭杀伤敌人，或者摧毁敌方阵地，而是侦察对方电子装备的性能和位置，干扰和破坏这些系统的正常工作，降低对方电子设备的效能，使雷达变成"瞎子"、无线电通信变成"聋子"，制导兵器（如导弹）失去控制，同时又保证自己的电子装备免受侦察、干扰和压制，使效能得到充分的发挥，成为一种名副其实的"无形的战争"。

电子战的应用范围非常广泛，目前，应用较多的是雷达对抗和无线电通信对抗，它们分别是军队指挥联络和武器操纵控制不可缺少的"耳目"和"神经中枢"。在现代电子战中，谁压倒了对方的雷达系统和无线电通信系统，谁就在更大程度上取得了战争的主动权。上面所讲的在第二次世界大战中诺曼底登陆战役故事，就是一个例证。

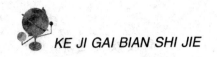

# 纳米"天梯"

古代有个传说，昆仑山的顶峰上有棵参天大树，不知有几千丈高，树顶直插蓝天，谁要是能够沿着这棵大树向上爬，爬到树顶，就能进入天庭。这棵树就是上天的天梯。

古人想上天，却不知道怎么上天，这才想出天梯这个主意。现代人对天梯做了分析。1982年，科普作家朱毅麟在《我们爱科学》杂志上说，上天的天梯应该有35800千米高，谁要是爬到了梯子顶上，就再也不会坠落。这个人就成为一颗地球同步卫星，待在天上了。

朱毅麟又说，几万千米高的梯子底部必须是直径358千米粗的柱子，才能支撑得住，才不会被自己的重量压弯。天哪，底座那么粗，竟相当一个江苏省的面积。

到了90年代中，一位外国科学家也谈到了天梯。他说，从同步卫星上，扔下一副绳梯来，一直垂到地球表面，人就可以顺着绳梯爬上天去。他说的绳梯，不是麻绳，也不是尼龙绳，普通的绳子都很重，支持不住自身的重量——35800千米长的重量。采用碳纳米管来作绳梯，就能支持得住自身的重量。

碳纳米管，是一个十分新鲜的名词。碳，你是熟悉的，做铅笔芯的石墨就是碳，很纯的碳。碳纳米管，是指用碳做成的细管，这种管子很细很细，细到不能用普通的尺子来度量，必须使用精确到纳米的尺子。

纳米，是1米的十亿分之一。十亿分之一，没有一个形象的概念，不妨算算看：一个身高1米的儿童，假如身高缩小到千分之一，也就是1毫米的时候，就只能与一根圆珠笔芯比高矮了；再缩小千分之一，成为1微米，就没有头发丝粗了，一根头发丝还有 70 微米粗哩；再缩小千分之一，那么这个儿童就小得用电子显微镜都看不见了。

纳米的尺度的确很小很小，人眼是看不清的。最近一二十年，随着新型显微镜的出现，人们看得清只有 1 纳米大的物质了，看得见原子了，于是就出现了一门新技术：纳米技术，或者是毫微技术。

碳纳米管，就是用纳米技术造出来的新材料，了解它们特性的专家说，它们可能成为未来理想的超级纤维。

1985 年，美国科学家克劳特和斯莫利等用激光束去轰击石墨表面，意外地发现了碳 60。他们分析，它是一个由 60 个碳原子构成的空心大分子。对不对呢？当时还不能十分肯定。

1990 年，科学家用最新的显微镜——扫描隧道显微镜进行了观察，看到了碳 60 的直观形象。碳 60 的外形，特别像一个足球，中心是空的，外边围绕着 60 个碳原子，碳原子组成了 12 个五边形和 20 个正六边形。碳 60 有一个别名：巴基球，一个巴基球的直径是 0.7 纳米。

科技人员很快就发现，碳 60 可能是实现超导的好材料。我国北京大学对碳 60 进行研究，把实现超导的温度提高了将近一倍。

人们对巴基球给予了更大的期望，并且以极大的兴趣发现，巴基球还可以做得更大，再增加 10 个碳原子，还可以做成碳 70。有人认为，如果不是只用 60 个碳原子，而是用 9×60 个碳原子制成碳 540，那么，在室温条件下就可以实现超导！

能不能实现？怎么实现？请把这个问题记在心中。

碳 60 的发现已经获得了诺贝尔化学奖。科学家们又在想，碳原子不仅可以排列成足球的形状，而且可以排列成圆筒形。球形只能扩大，成为越来越大的球；圆筒形却可以加长，越加越长，成为一根纤维。

现在，碳纳米管已经制成，它的直径是 1.4 纳米，每一圈是由 10 个六边形组成的。要进一步增强它的强度，需要做到长度跟直径之比达到 20：1。

碳纳米管的出现，为制造天梯带来了希望。不过，眼前的碳纳米管的数

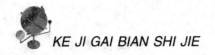

量少得可怜，在实验室里，一次只能制造几克。而当作材料来使用的话，碳纳米管必须每次能制造出几吨或几十吨。这就意味着必须找到大量生产的新方法。

科学家预言会找到新方法，不过，他们又坦率地说，现在还不知道新方法是一个什么样的过程。请把这个问题记在你的心中。

碳纳米管是靠纳米技术制造出来的新材料，它的特点是基本颗粒特别细微。我们现在使用的常规材料的基本颗粒，看起来很细，实际上很粗。说细，也许它的直径可以细到几毫米几微米；说粗，是说它含几十亿个原子。而纳米技术生产的材料，颗粒非常细微，只含几十个到几万个原子。

超细微的颗粒，组成了纳米材料，立即展现出种种奇异的性能：

纳米铁的断裂应力比常规铁一下子提高了 12 倍；

纳米铜的强度比常规铜高 5 倍；

纳米陶瓷是摔不碎的；

用纳米级微粉制出来的录像带真正地实现了高保真，图像清晰，噪音少；

……

常规材料的历史是几千年、几百年，而现在的纳米材料，历史只有几年、十几年。对常规材料，我们已很熟悉，知道的比不知道的多；对纳米材料，我们非常陌生，不知道的比知道的多。

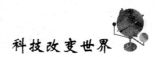

# 麻雀为何电不死

我们大家都知道，高压线有几千伏到几万伏的电压，如果人站在地面上触到带电的高压线，就有触电身亡的危险。

这天，黄刚跟小强早早就来到了城边的鸟市，他们不是来买鸟的，而是来观赏鸟的。这里的鸟可多啦，除了卖主的叫卖声，更多的声音是鸟儿的鸣叫声，有黄鹂在歌唱，有鹦鹉在学舌；有独唱，有二重唱，有小合唱……

望着这些活泼漂亮的小鸟，听着这悦耳的声音，小强不禁感叹起来：这些又可爱又可怜的小鸟儿，一定非常向往蓝天。让这些小生灵返回大自然，自由自在地在天空中、在树林里飞翔、鸣叫，那该多好啊！小强把目光转向了城外，转向了头顶上的空间，多么晴朗的天空啊！

忽然，小强站在那里不动了。黄刚拽了一下小强的袖子，催他跟着人流往前走，可是小强仍直勾勾地望着远方高处。

黄刚说："喂，发什么呆呀！你是来看鸟呀，还是来望天呀？"

"我不是望天，"小强用手指着高处说，"你看那不远处的高压线上，站着一排小鸟。"

黄刚顺着小强手指的方向望去，果真有不少麻雀，站在高压线上。黄刚说："这有什么可瞧的，这鸟市这么多小鸟幸福地生活在饭来张口的鸟笼里，自然会招来它们同类的羡慕，也许是嫉妒……"

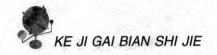

小强性急地打断了黄刚的联想："我不是让你讲这些，你看那些麻雀站在哪上了？"

"这不明摆着，站在高压线上。"黄刚有点不明白了，这王小强究竟琢磨什么呢？

"我问你，假如你站在高压线上会怎么样？"

听了小强的话，黄刚大叫起来："我疯啦！干嘛偏要上那鬼地方！"

"别叫唤，"小强说，"我说的是假如。你说会怎么样？"

黄刚说："能怎么样？不是掉下来摔死，就是被电死！"

小强说："假如人站在高压线上会被电死，那么，小麻雀也会被电死，可是那些小麻雀为什么仍活得好好的？"

"哎呀，对呀，"黄刚一拍脑袋，"我怎么就没有看出问题来呢？小强，还是你聪明，你善于观察、善于动脑筋。"

小强不耐烦地说："你什么时候学会恭维人了，真够人受的。你说麻雀为什么没有被电死呢？"

我们可以从电灯谈起。

给电灯接线时，必须接上两根线——火线和地线，如果只接一条线或切断一条线，电灯就不会发光，因为电路不通。

当人们站在地面上时，不与电线中的火线接触，身体就不会有电流通过，也就不会触电。如果穿上绝缘性能很强的胶鞋，用手去摆弄火线也不触电，因为胶鞋把人的身体与地面隔开了，换句话说，此时人的身体与大地绝缘了，身体接触的只是一条火线，不会有电流通过身体。

麻雀停留在高压线上时，身体只接触了一根电线，不管是地线还是火线，反正不会有电流从麻雀的身体通过，只要麻雀没有同时接触两根电线，即便是万伏高压线，也不会把麻雀电死。

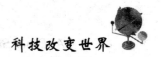

# 石块投水之后

在一次科学会议上，有人向伽莫夫博士、原子弹之父奥本海默和诺贝尔奖金获得者布洛赫这三位大物理学家提出一个问题：一只装着石块的船浮在游泳池中，船上有一人将石块抛入水中，池中水面的高度将发生怎样的变化？三位大物理学家由于没有仔细考虑，结果都作出了错误的回答。

这个问题初看很简单，其实却是复杂的。石块被投入水中后，石块将侵占原来被水所占据的空间而使池中水面上升；但船却因载重减小而向上浮起，从而使池中水面下降，这里既有使水面上升的因素，又有使水面下降的因素，因此，对这个问题不作仔细的分析就不能得到正确的答案。

当石块在船上时：船、人、石受到的总浮力 = 船、人、石所受的重力

当石块投入水中后：船、人、石受到的总浮力 = 船与人所受的重力 + 与石块同体积的水所受的重力

因为石块所受的重力比同体积的水所受的重力大，所以当石块投入水中后，船、人、石受到的总浮力小于石块在船上的总浮力。我们都知道，浸在流体中的物体受到向上的浮力，其大小等于物体所排开流体所受的重力，这就是阿基米德定律，现将它应用到我们的问题中来。总浮力较小，被排开的水的体积就较小，池中水面就较低。所以我们的结论是：船上的人把石块投入水中后，池中水面的高度将降低。

# 水枪与水炮

　　说来你也许不相信，一股细细的高压水流能射穿 12 毫米厚的钢板，恰似具有和炮弹一样大的威力。这是一种叫"水炮"的高压发生器射出的高压水细射流，它的直径只有 1.5 毫米，但速度高达 7000 米/秒！这样的高速是怎样产生的？

　　这种水炮采用电、液压或压缩空气作动力，先将水炮中的活塞向喷嘴的另一端移动，使气体压缩。积蓄能量，然后突然松开活塞，由于气体的膨胀，使活塞迅速冲向喷嘴，在极短的瞬间里，将封闭的水推挤出去。如果释放的时间是蓄能时间的 1%，就能获得 100 倍的瞬时功率。用于切割时它所产生的压强高达几百兆帕。

　　如果只需要几十兆帕的高压水细射流，这只要用一种叫柱塞泵，的"水枪"就行了。电动机通过曲柄、连杆和十字头，使一只柱塞在泵内往复运动，挤压泵内的水，产生高压水，其原理与打气筒打气一样。如果高压水从一只直径很小的喷嘴里射出来，就成了一股高压水细射流。用这种柱塞泵能产生压强为 200 兆帕以下的高压。

# 船吸现象

1912 年秋天,"奥林匹克"号正在大海上航行,在距离这艘当时世界上最大远洋轮的 100 米远处,有一艘比它小得多的铁甲巡洋舰"豪克"号正在向前疾驶,两艘船似乎在比赛,彼此靠得较拢,平行着驶向前方。忽然,正在疾驶中的"豪克"号好像被大船吸引似地,一点也不服从舵手的操纵,竟一头向"奥林匹克"号撞去。最后,"豪克"号的船头撞在"奥林匹克"号的船舷上,撞出个大洞,酿成一件重大海难事故。

我们知道,根据流体力学的伯努利原理,流体的压强与它的流速有关,流速越大,压强越小;反之亦然。用这个原理来审视这次事故,就不难找出事故的原因了。原来,当两艘船平行着向前航行时,在两艘船中间的水比外侧的水流得快,中间水对两船内侧的压强,也就比外侧对两船外侧的压强要小。于是,在外侧水的压力作用下,两船渐渐靠近,最后相撞。又由于"豪克"号较小,在同样大小压力的作用下,它向两船中间靠拢时速度要快得多,因此,造成了"豪克"号撞击"奥林匹克"号的事故。现在航海上把这种现象称为"船吸现象"。

鉴于这类海难事故不断发生,而且轮船和军舰越造越大,一旦发生撞船事故,它们的危害性也越大,因此,世界海事组织对这种情况下航海规则都作了严格的规定,它们包括两船同向行驶时,彼此必须保持多大的间隔,在通过狭窄地段时,小船与大船彼此应作怎样的规避,等等。

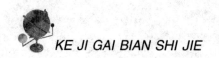

# 龙井茶叶，虎跑水

盛产龙井茶的杭州，流传着这么一句话："龙井茶叶，虎跑水。"意思是龙井茶叶最好用烧开后的虎跑泉的泉水来泡，才能喝出美味来。其中的奥妙在于，虎跑泉水中的矿物质里含有多种微量元素，对人体健康有利。其实，不仅是虎跑泉水如此，其他名泉的泉水也都有此效应。

虎跑泉水还有另一个显而易见的特点：在装满泉水的茶杯里，投进一粒小石子后，它的水面会高出茶杯口，但却不溢出来。有人说这就是虎跑泉与众不同之处。其实，这一"特点"是众多泉水（如济南趵突泉、无锡惠山泉等）的"共同点"，它是由这些泉水中富含矿物质造成的。

纯水在一定的温度下具有一定的表面张力。例如，室温（20℃）下纯水的表面张力为 $7.275 \times 10^{-4}$ 牛/厘米，到60℃时，水的表面张力减小为 $6.618 \times 10^{-4}$ 牛/厘米，到沸点（100℃）时更减小为 $5.855 \times 10^{-4}$ 牛/厘米。当水里含有杂质时，有的杂质能使水的表面张力减小，例如肥皂或有机物；有的杂质能使水的表面张力增大，例如矿物质。一般的泉水里都富含矿物质，所以泉水的表面张力比纯水要大得多，它使得泉水表面的分子相互吸引，紧紧地挤紧在一起。这就是泉水能满过杯口而不溢出的原因。

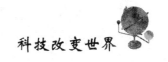

# 裂缝里的学问

1954 年，英国两架"彗星"号喷气客机，先后因增压舱突然破裂而在地中海上空爆炸坠毁。起先，人们认为是材料强度不够而造成断裂，于是利用高强度合金钢来制造关键零部件。但是，事与愿违，断裂破坏有增无减。此事引起工程技术界的高度重视，在深入研究中发现，原来高强度材料中也存

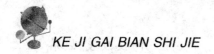

在着一些极小的裂纹和缺陷，正是这些裂纹和缺陷的扩展，才产生了断裂破坏。在此基础上诞生了一门崭新的科学——断裂力学。

传统的材料力学认为材料是均匀的、连续的、向同性的。而断裂力学却认为任何材料都是不连续的、不均匀的、有缺陷的，因为材料中不可避免地会存在一些裂纹和缺陷。它们是那样微小，即使用高精度的无损探伤仪也难以测出来。但正是这些潜伏的缺陷和裂纹，在一定的使用条件下会造成重大的断裂事故。

造成断裂的影响因素是多方面的，主要有以下几种：（1）疲劳断裂。在交变载荷的来回作用下，加速了材料中裂纹的扩展，最终导致材料断裂。这是一种很常见的断裂现象。例如，要弄断一根铅丝，只要把它来回弯折几次，很快就会在弯折的地方断裂。这就是疲劳断裂，来回弯折的力叫"交变载荷"。（2）冷脆断裂。金属材料对温度的变化很敏感，在正常温度下的韧性材料，处于低温环境时往往会变脆，当温度下降到某个临界值时，材料的微小裂纹就会以极快的速度扩展（高达1000米/秒），最后导致材料断裂。（3）氢脆断裂。钛合金和高强度合金钢等材料在使用中往往要接触腐蚀介质，因此，在它们的表面会发生电化学反应并产生微量的氢，这些氢原子能渗透到金属结构中去；而且材料中哪里的应力最大，氢原子就往哪里跑，并聚集在那里，使该部位的应力变得更大，当聚集的氢原子达到一定数量时，在它们聚集处就会发生突然的脆性断裂。

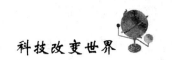
# 倒立的人

世界上只有苍蝇、蚊子等昆虫可以停留在天花板上，连鸟也不能倒抓在天花板上。可是，魔术师却能借助于力学装置成为"人蝇"，倒吸在天花板上行走。

在剧场的天花板上挂着一块 7.5 米长的木板，木板朝下的一面漆着油漆并打蜡上光，目的是使表面光洁平整，让吸盘可以牢牢吸在上面。表演开始时，一位小姐坐在紧挨木板上头的秋千上，脚上穿着一双像溜冰鞋那样的高帮靴子。只见她在秋千上做一个倒立动作，用脚蹬住那块木板。然后双手放开秋千，嗨！她居然头朝下，身体挂在木板上了。一开始，她以很小的步子倒退着走，接着又往回返程，也是倒着走。几个来回一走，博得满堂喝彩。

这个魔术成功的关键在那双靴子上，原来这双靴子的鞋底里装有气动装置，每只气动装置所产生吸力足以支持两倍于表演者体重的重物。因此，当魔术师在天花板上行走时，即使只有一只脚与木板接触，它也足以把她牢牢吸在上面。当然，靴子里还有一套紧固装置，可以把表演者的双脚牢牢缚在靴子里，为了预防万一，天花板下设有一张安全网。

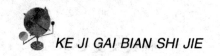

# 真假子弹

世界著名的魔术师托里尼，每次演出的压轴戏总是"退尔枪"。由他儿子扮演瑞士民族英雄威廉·退尔的儿子，将一只苹果放在他口中，用嘴咬住。托里尼请一位观众拿起一把手枪，在众目睽睽之下将一颗子弹推上镗，随后让他对准苹果开枪。"乒"的一声，子弹在烟雾中飞出，只见小托里尼安然无恙，而子弹却留在苹果中。

人们从力学角度去思考，怎么也无法解释快速飞驰的子弹会被一只苹果挡住。其实这个魔术的窍门在子弹上。总共有 3 颗子弹，2 颗是真的，1 颗是假的。起初，观众拿的是一颗真子弹，当托里尼把它推上镗时换成了假子弹。这颗子弹看上去和真的一模一样，只是一受到压力就会粉碎。因此，一开枪它就马上散成无数细粒，像灰尘一样四处飞扬，观众看来还以为是子弹射出后的火药烟尘。当然，苹果中的子弹是事先埋藏在里面的真子弹。它当然与托里尼向观众出示的那颗真子弹一模一样。

这个魔术的关键是制造假子弹，它既要在外形上与真子弹一模一样，又必须在枪击的压力下碎成粉末。有一位魔术师为节约成本，表演时用的子弹在"肥皂弹"的外面滚拌上石墨粉。可是，有一天晚上演出时，"肥皂弹"出了事故。它没有粉碎，结果打在表演者的脸上，使他受了重伤。原因在于那颗"肥皂弹"因放置时间较长，肥皂本身干固了，结果射出以后没有粉碎。

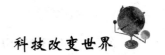

# 高高的自来水塔

扭开水龙头，自来水就哗哗地流出来了。

自来水是从哪里来的呢？你一定会想到深埋在地下的水管。但要追寻水源，那就得循着自来水管，到自来水厂里去看看。原来，那些埋在地下的水管，都是和自来水厂里一座座高高的水塔连接在一起的。

那么，这些水塔又有什么用呢？我们不妨举一个小小的例子。浇花的时候，如果你把水壶稍微侧一点，流出来的水流又细又慢；要是将水壶侧得厉害些，喷出的水流就又粗又急。这是什么原因呢？原来，水越深，压强就越大。水的深度每增加 10 米，压强就会增加大约 1 个标准大气压。让水壶侧过来，就是让水面相对于喷嘴的深度加大，水的压强也会跟着变大，水流喷出来时就又粗又急。

我们再来看看高高的水塔。如果一个水塔的高度为 10 米，另一个水塔的高度只有 5 米，那么高 10 米的那个水塔塔底的水流压强，比高 5 米的那个水塔塔底的水流压强大 40 千帕左右。倘若两个塔底的出水口大小一样，它们同时开放，压强大的自然比压强小的出水急。因为自来水要供应地势高低不等的各处用户，如果没有足够的压强，地势高处的用户就会得不到水，所以水塔一般都造得很高。

在现代化的大、中城市，由于水网范围宽，管路阻力大，光靠水塔来产生压强是不够的，还得借助于很多加压水泵。

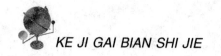
# 头顶飞坛

大家都知道，一块小石头从高处落下，就可能打破头。那么一个杂技演员，为什么能用头顶住从高处落下的坛子，而不会受到伤害呢？

原来，当我们要接住一个从上面落下来的物体时，不但要受到物体本身的重力作用，还要承受一个缓冲力的作用。这个冲力的大小不是固定不变的，它跟物体的轻重和冲过来的速度有关，还与我们使它停止的快慢有关。物体重、速度大和停得快，都会使冲力加大。如果我们有办法使它慢慢地停下来，就能减小这种冲力。

你可以试一下。把一串钥匙向上抛到3～5米，等它落下来时，把手心摊平不动，任凭钥匙掉在手上，手心会感到很痛。如果我们密切注视着下落的钥匙，当钥匙快掉到手上时，手也顺势向下移动一小段距离，使钥匙慢慢地停在手中，手心就不感到怎么痛了。可见，用后一种办法去接钥匙，钥匙对手心的冲力小。我们称这种作用为缓冲作用。

现在再来看一看杂技演员是怎样表演顶坛的。

杂技演员表演顶坛时所用的坛

子通常不过 10 多千克，要是把它顶在头上不动，也不算什么新鲜事儿，几乎人人做得到。如果把坛子抛上去，等它落下来再用头去接，一般人是难以承受的。

如果你仔细观察，会发现杂技演员在用头接坛的时候，他并不是站立着不动的，而总是先叉开两腿立好马步姿势，当坛落下刚刚碰到头顶时，他就立刻随着坛的下落向下蹲，这就和你用向下移动手的办法去接钥匙一样，头上受到的冲力就不会很大。如果坛从 1 米高落下，并使停止运动的时间延长到 2 秒左右，头上受到的冲力不过 200 牛顿。经过长期训练的人，完全能够承受这样大小的力。

可是，一般没有经过训练的人，仅懂得了道理，决不能冒冒失去地去试一试，那是很危险的！

# 泥地难骑车

在软软的泥地上骑自行车时，自行车的两个轮胎就像是漏了气似的，蹬起来特别费力。这是什么缘故呢？

想想看，你在雪地里或是在泥沼地里走路时，不也是感到很难起步吗？这是因为脚踏在雪地里或泥沼地里的时候，人的体重就压在脚底那么大的一块面积上，这时候，脚对地面产生了一个较大的压力。因为雪或泥沼地的弹性系数和弹性限度都非常小，也就是说，在不太大的压强的作用下，就会发生较大的形变，而且不能自己恢复原来形状，所以脚就陷进了软软的雪或泥里了。这样，当你再想起步时，就不得不把脚抬得比平时走路时高才行。因此就感到比较吃力了。

在泥地里骑自行车也是这样，由于车轮对地的压强，使泥地被压出一条深沟。这样，车要前进，首先必须要把自行车的轮子从沟里抬起来。而且泥地越软，车轮陷得越深，深沟对车轮前进的阻碍越大，使自行车前进所需要的推力也越大。所有这些因素都要求人对自行车的踏脚施加更大的作用力。因此，在泥地上骑自行车特别费力。

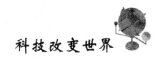

# 青鱼哪去了

从前，曾经发生过这样一件事：一个商人在荷兰向渔民买进 5000 吨青鱼，装上船从荷兰运往靠近赤道的索马里首都摩加迪沙。到了那里，用弹簧秤一称，青鱼竟一下少了三十多吨。奇怪，到哪里去了呢？被偷是不可能的，因为轮船沿途并没有靠过岸。装卸中的损耗也不可能有这样大。大家议论纷纷，谁也没法揭开这一秘密。

直到后来，才真相大白。鱼既没有被偷，也不是装卸造成的损耗，而是地球自转和地球引力开的玩笑。

原来，一个物体的重量，就是物体所受的重力，是由地球对物体的吸引所造成的。但地球不停地转动，会产生一种惯性离心力。因此物体所受重力的大小，等于地心引力和惯性离心力的合力。又因为地球是个稍扁的椭球体，越近赤道，地面与地心的距离越远，地心引力也就小一点。所以，物体的实际重力，应当是地心引力减去惯性离心力在垂直方向的分量。5000 吨重的青鱼，从地球中纬度的荷兰运到赤道附近的索马里，重量必然逐渐减小，难怪过秤时就短少了三十多吨。

如果登山运动员从珠穆朗玛峰采集到一块岩石标本，把它送到北京时，它会变得重一点；要是请宇航员把它带到地球引力所达不到的太空，它又会变得没有重量了。它们的道理也一样。但是，不论物体的重量怎样变化，它们的质量却是不变的。我们还应注意，物体重量的变化，只有用弹簧秤才能称量出来，借用天平或杆秤是看不出来的。

# 膨胀的饺子

如果你是北方人，你一定喜欢吃饺子，那么，有几个关于饺子的问题你回答得出来吗？

为什么生饺子刚倒进锅里去的时候要沉下去？这是第一个问题。

为什么饺子煮熟以后会浮起来，并且只有浮起来的饺子才是煮熟了的？这是第二个问题。

为什么饺子冷了以后，又要重新沉入锅底？这是第三个问题。你想想看，怎样回答？

生饺子倒下锅以后，它的比重比水大，所以都沉下去了。但是煮熟以后，为什么又会浮起来呢？

原来，随着炉子的加热，锅中的水和饺子都慢慢地热起来了。我们知道热的物体是要膨胀的，饺子也不例外。饺馅和饺皮吸饱了热水以后，渐渐胀起来，体积自然就增大了许多。这一点，你一定很清楚，熟饺子确是胀得鼓

鼓的，比生饺子大得多。饺子的重量并没有增加，当体积增大以后，单位体积的重量就减小了。等到饺子煮熟，饺馅和饺皮都充分膨胀以后，它的比重就变得比水的比重还小，所以就浮起来了。吃浮起来的饺子，当然不会有夹生的了。

饺子煮熟浮起来以后，当它稍

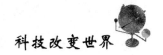

冷的时候为什么又沉下去了呢？原来膨胀快的东西，也一定收缩得快。当水冷下来以后，饺子又收缩得快。收缩以后的饺子，单位体积的重量又增加了，它的比重又变得比水大了，所以又沉入锅底了。

南方人爱吃汤团、馄饨，煮汤团、馄饨同煮饺子的情况是一样的，道理也是一样的。

请看，就在饺子沉浮这样一个小事情中，也有这么多的科学道理。

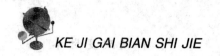
# 转个不停的溜溜球

溜溜球是很有趣的健身玩具。玩溜溜球时，用手抓住绕在溜溜球短轴上的绳子的一端，把球向下扔出去，球随着缠绕它的绳子一圈圈松开，转了起来。当绳子全部拉直时，溜溜球又会转上来，并使绳子沿相反方向缠绕在短轴上，直至又回到手上。再次将球扔出去，球又会转回来，如此往复，乐在其中。

为什么溜溜球能自动返回手中呢？这里有个重要的力学知识，就是物体的动能和势能可以互相转换。当球在手中时，一边转动一边向下运动，并在重力的作用下，越转越快；动能不断增大，同时，溜溜球随着位置的不断下降，势能不断减小，这时，溜溜球的势能转变成了动能。待到溜溜球转到最低点时，溜溜球的动能最大，势能最小，这时，溜溜球转动得最快。到达最低点后，溜溜球又会沿着绳子向上转，将绳子沿原来的相反方向缠绕在短轴上。随着溜溜球的上升，它的转动速度越来越慢，这时，溜溜球的动能又不断转换成势能，直到转至最高处停止转动，溜溜球的动能为零，势能却是最大。

根据机械能守恒定律，在没有外力或外力做功等于零时，物体的机械能总和不变。这样溜溜球应该回到原来的位置上。但是，在溜溜球转上转下的运动中，由于空气的阻力和绳子与短轴之间的摩擦力，会损失掉一部分能量，如果不补充能量，溜溜球将上升回不到原先的高度。所以，在玩溜溜球时要有一定的技巧，不断地给溜溜球补充一些能量。怎样补充能量呢？在溜溜球转到最低点，绳子将要开始向上缠绕的一瞬间，用手将绳子往上提一下，使溜溜球的转速更快些，增加一点动能。这样，溜溜球就能上下转个不停。

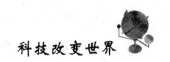

# 猫的惊人本领

猫有一个十分惊人的本领：从高处跌下时，不仅不会摔死，还能稳稳地落地。它的绝技就是空中翻身。你看，猫刚跌下时，还是背脊朝下、四脚朝天，可就在它落地的一刹那，已经变成背向上、脚朝下了，再加上它那双有着厚厚肉垫的爪子和富有弹性的腰腿，当然就能稳稳地在地面"安全着陆"了。

早在19世纪末，就有一位物理学家对猫的空中翻身绝技产生了兴趣，他通过高速摄影拍下了猫的整个下落过程，发现猫在下落时仅用1/8秒就翻过身来了。我们知道，如果没有外力作用，原来不转动的物体是不会转动的。猫在开始下落时没有转动，在下落过程中又不受外力作用，它应该一直保持原来的姿势着地。那么，猫是怎样在空中完成翻身动作的呢？于是，有人把这完全归功于猫尾巴的功能。认为猫在下落过程中，快速地向一个方向甩动尾巴，由于力学中的角动量守恒原理，猫的身体就会朝另一个方向翻转。但是，通过计算人们发现，如果猫的空中翻身仅仅依靠尾巴的甩动，那猫的尾巴在1/8秒内至少要转上几十圈才行，这岂不是与飞机的螺旋桨一样了？

于是，一些物理学家又忙碌起来，他们又是摄影又是录像，并且从理论上提出模型，用电脑进行计算。得出的结论是：猫在落下的过程中，是通过它的脊柱依次向各个方向弯曲来实施转体。图中我们可以看到，当双手握住猫的四肢，将手松开时，猫的角动量等于零。猫在下落的过程中，尽管受到重力的作用，由于重力作用在质心上，因此外力矩为零，所以，猫在下落过程中的任一时刻，都要保持角动量等于零。当猫从高处落下时，猫会本能地旋转身体，这时，猫的尾巴伸展并且朝着相反方向甩动，以保持猫的总角动

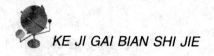

量为零。由于猫的脊柱比较灵活，它在旋转身体的时候，还可巧妙地使身体和四肢收缩、伸展，调节整个身体的质量分布，保持角动量为零，以达到转身的目的。

在体操和跳水比赛中，运动员要在腾空后短短几秒钟内，完成各种空翻加转体的高难度动作。虽然这些动作比猫翻身复杂得多，可道理却是大同小异。航天员在太空航行时，由于处于失重状态，身体会飘浮在空中。也必须学习猫空中翻身的绝技，用同样的办法来完成前进、后退、转身等一系列动作。

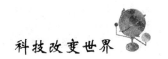
# 不沉的滑水运动员

看到滑水运动员在水面上乘风破浪快速滑行时，你有没有想过，为什么滑水运动员站在滑板上不会沉下去呢？

原因就在这块小小的滑板上。你看，滑水运动员在滑水时，总是身体向后倾斜，双脚向前用力蹬滑板，使滑板和水面有一个夹角。当前面的游艇通过牵绳拖着运动员时，运动员受到一个水平向前的牵引力。同时，运动员站在滑板上，并用力向前蹬滑板，运动员就通过滑板对水面施加了一个斜向下的力，而且，游艇对运动员的牵引力越大，运动员对水面施加的这个力也越大。因为水不易被压缩，根据作用力与反作用力的原理，水面就会通过滑板反过来对运动员产生一个斜向上的反作用力，正是这个反作用力支撑着运动员不会下沉。当然，这个反作用力在水平方向的分力又会成为运动员向前滑行的阻力，但是，游艇的牵引力可以用来克服这部分阻力。

因此，滑水运动员只要依靠技巧，控制好脚下滑板的倾斜角度，就能在水面上快速滑行了。

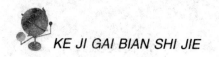
# 飞上蓝天的风筝

在风和日丽的时候，许多人都喜欢到郊外或公园去放风筝。当五彩缤纷、造型各异的风筝在蓝天上翱翔，人与大自然融为了一体，这对放风筝和看风筝的人来说，都是一种美的享受。

那么，风筝为什么能飞上蓝天呢？如果你留心观察就会发现，风筝总是迎风而飞，而且风筝的"身体"总是斜向下的，这就是风筝能飞上天的关键。首先，风筝总是迎着风飞，风吹在风筝上，就会对风筝产生一个压力，而且这个压力垂直于风筝的面。因为风筝的面是斜向下，所以迎面吹来的风对它的压力是斜向上的。风筝的分量很轻，空气的这种向上的压力足以把风筝送上蓝天。在风很小的时候，放风筝的人常常牵着风筝线迎风奔跑，或站在原地不断地拉动风筝线，利用勒线来调整风筝面向下倾斜的角度，这都是为了增大空气对风筝的向上压力，使风筝飞得更高。

风筝有大有小，形状也是各种各样的，它的下边往往还加了一些纸条或穗做成的尾巴。从物理学角度来说，这是为了使风筝的重心向下移，可以提高风筝的平衡性能，使它飞得更加平稳些。

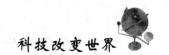

# 无需方向盘的火车

天空中的飞机，海洋中的轮船，它们转弯时靠的是舵。陆地上奔驰的汽车、无轨电车，它们转弯时，靠的是方向盘。但是在铁轨上高速行驶的火车，既没有舵，又没有方向盘，为什么也能顺利地转弯呢？

我们知道，有轨电车也没有方向盘，它是循着铁轨的弯道而转弯的。看过有轨电车的转弯，就能帮助我们理解火车转弯的道理。有时骑自行车的人，一不小心，把轮子嵌在有轨电车的轨道里，他的轮子就循着轨道前进，再也不听"驾驶员"的操纵。当失去平衡，车子就倒了下来。这就是轨道能控制车轮的道理。

火车的轮子与其他车轮不同，它的最外面一圈叫"轮箍"。"轮箍"上有一圈高出部分叫做"轮缘"，火车上车轮的"轮缘"始终是嵌在两道平行钢轨内侧的。当火车行至弯道时，因离心作用，使弯道外侧车轮的轮箍紧贴钢轨，这时，外侧钢轨给轮缘一种侧压力，即向心力，迫使车轮循着钢轨行走。我们再仔细地看一看火车的轮箍，就会发现在轮箍与钢轨的接触面上，是有斜度的，靠外侧倾斜 1/10，内侧倾斜 1/20；这样在同一轮子上，就形成了一部分是"大轮"，另一部分是"小轮"。当火车进入弯道时，由于车轮紧靠弯道外侧，就形成了"大轮"走弯道外侧钢轨，"小轮"走弯道内侧钢轨。这正像一列横队转弯时，外圈的人步子走得大一点，内圈的人步子走得小一点，就能同时整齐地转过弯来。正因为火车车轮的"轮箍"有个斜度，所以能使同一车轴的两只车轮顺利地通过弯道。

在直道上，两侧车轮都正压在钢轨上，加上火车的重心低，火车高速运动时，就能使车轮的中心和钢轨的中心保持一致。

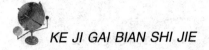

　　我们再看看火车头的车轮，为什么有的做得很大，有的做得很小呢？由于这些轮子的作用不同，大小也就不一样。最前面的一对或两对较小的轮子，叫"导轮"，顾名思义，就是说这一两对轮子是起引导作用的。中间几对大轮子，叫"动轮"。后面较小的轮子，叫"从轮"（也有不用"从轮"的火车）。"导轮"和"从轮"都设有转向架，它可以不受车架的限制而自由转向。当机车在直线上运行时，转向架的中心线与主车架的中心线一致。在弯道上行驶时，因车轮靠向弯道内侧，转向架就带着中心盘转向弯道内侧，这时转向架的中心线与车架不在一直线上，就可利用复原装置将主车架前端导向内侧，使机车沿着曲线转向，待通过弯道后，又利用复原装置的复原力，使转向架恢复中心位置。因此火车不论是在直道上或弯道上，都能既快又稳地高速前进。

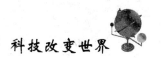

# 荷叶上滚动的水珠

你曾注意过这样的事情吗？夏天，荷叶上溅了水滴，水滴会变成一颗颗晶莹透亮的小水珠，小水珠在荷叶上滚来滚去，就像盘子里滚动着的珍珠一样。

荷叶上的水滴为什么会变成滴溜滚圆的小水珠呢？原来，水滴表面分子受到内部分子的吸引力，产生了向内部运动的趋势。这样一来，水滴的表面就会尽可能地缩小。缩小到什么程度呢？我们知道，水滴的体积大小不变，只有在成为球体的时候，它的表面才是最小。所以，小水滴就变成球体的小水珠了。

我们再来看看小朋友爱吹的肥皂泡。肥皂泡里包着空气，肥皂泡的里外两个液面也要不断收缩，直到把里面的空气压得不能再小了，它才不再收缩。这时候，肥皂泡就变成一个滴溜滚圆的小球。

液体表面的分子，由于受到内部分子的吸引，而使液体表面缩小的这种趋势，会使该液体表面相邻的部分产生相互吸引，这种相互吸引在物理学上被称为表面张力。我们可以通过一个简单的实验，来看看这种表面张力。

用一个铁丝的框框，上面系一根不是绷得很紧的细棉线，把它放在肥皂水里蘸一下，铁丝框上就会有一层薄薄的绷得很紧的肥皂膜。试着将棉线一侧的薄膜用针刺破，另一侧的薄膜就会立刻缩小，棉线因为失去了一侧薄膜产生的表面张力，而在另一侧薄膜的表面张力作用下，呈现弯曲的弧形。

任何液体的表面都存在着表面张力，在这种表面张力的作用下，液体表面就好像蒙上一层绷紧的膜。夏天，水面上常有许多小虫自由自在地跑来跑去，就是依靠水面上绷紧的这层水膜。

# 静电杀手

摩擦能产生静电，一般情况下，这种静电是不至于置人死地的。但是，在某些特殊环境里，静电产生的火花却会酿成惨剧。

1979 年年底，西北某工厂为清除试验车间地面上的油垢，用 60 千克汽油浸木屑，洒在地面上进行清扫。十几位女工蹲在地上擦地板，其中有位女工穿着涤纶衣服。当她擦到一根金属管附近时，她的身体突然对金属管放电，所产生的电火花引起了汽油与空气中氧的混合气体爆炸起火，最后酿成一场大火。在场工作的十几个人非死即伤，而穿涤纶衣服的那位女工死得最惨。为什么会酿成这场惨剧？原来，那位女工在擦地板时，身上的涤纶衣服因人的动作而摩擦带电，人身上带有高压静电，靠近金属管子时就容易放电。加上洒在地面的汽油很容易挥发，汽油蒸气的浓度很大，与空气中的氧气一混合就生成了易爆的混合气体。

这场惨剧告诉我们，在那种易燃、易爆的环境中工作的人，特别要注意静电会引起的灾害。其中最主要的是防止衣服因摩擦而产生静电。

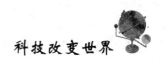

# 纵火犯是谁

1989 年 8 月 12 日 9 时 55 分，青岛市海港黄岛油库的几万立方米的 5 号油罐爆炸起火，并又引爆了旁边的 4 号油罐，接着 1 号、2 号、3 号油罐相继起火爆裂，600 吨原油泄流入海。大火足足烧了 104 小时，14 名消防官兵、5 名油库职工在灭火中献出了生命。大火烧掉了 3.6 万吨原油，油库区变为一片废墟，直接损失达四五千万元。谁是纵火犯？

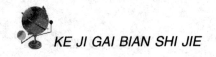

据事后消防专家调查，5 号罐虽然装了避雷针，但是，罐内钢筋和金属构件连接不好，造成避雷针接地不完善。我们知道，避雷针分三部分：接闪器（即一根金属杆，它指向天空将雷电接引下来），引下线和接地装置。这三个环节必须质量可靠，紧密结合，如果有一个环节不合适，就可能"引狼入室"。避雷针实际上是"引雷针"，它把闪电引到自己身上，通过引下线和接地装置引入地下。但是，闪电的电流很大，会产生一系列物理效应。因此，制造和安装避雷针时只要出现小的失误，都有可能造成大的灾祸。调查指出，黄岛油罐顶部铺设的防雷均压屏蔽网的结点与接地的角铁之间未焊牢而只是用螺丝压紧。网与接地角铁的连接点的电阻为 0.116 欧，大大超过了规定的安全值 0.03 欧。因此，当油罐上空的落地雷被避雷针引下来时，由强大的闪电电流在极短时间内迅速变化引起非常强烈的电磁感应，使因混凝土剥落而外露的钢筋产生电火花，从而点燃了罐内油蒸汽与空气混合的易爆气体，最后，炸毁油罐并燃起了大火。

由此可见，避雷针的接地是十分重要的。接地接得好，就将引下来的闪电送入地下；接地接得不好，就将引下的闪电送到保护物内部，很容易引起电火花并造成大事故。

# 三、最有趣的数学

# 原子弹的威力

1945 年 7 月 16 日早晨，在美国新墨西哥州南部一望无际的沙漠上，一项神秘而又危险的试验就要开始。参加试验的科学家、工程师、军官和其他有关人员全都面朝下趴在离试验中心近 1 万米远的掩体里，等待着这个激动人心的时刻的到来。他们紧张得一句话也不敢说。终于，5 时 29 分，随着强烈的闪光，震耳欲聋的巨响，一个比太阳还要明亮 10 多倍的火球迅速膨胀、上升。火球先是金色后又转为紫色、深紫、灰色和蓝色，同时地面上掀起一个粗大的深褐色的尘柱，当尘柱追上直径达 500 米的大火球时，便形成高达 10 多公里的蘑菇状烟云。世界上第一颗原子弹试验成功啦！

原子弹爆炸是一种剧烈的原子核裂变过程，在这个过程中释放出来的巨大能量，理论上是可以精确计算的。但是，技术上能做到哪一步？一个原子弹实际爆炸时产生的威力到底有多大？需要依靠精密仪器的测定。为此，科学研究人员设计了几十种的核测量方法。人们在掩体里欢呼实验成功的同时，又迫切等待着测量的结果。

突然，有一个身穿笨重防护服的人，从掩体里冲出，迎着试验方向奔去。这个勇敢的人去干什么呢？只见他一边跑，一边把事先准备好的许多小纸片举在头上，迎风撒去，纸片立即随着气流飘动起来。这时，他又转过身子，

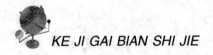
注视着小纸片的飘落，跟着小纸片的飘动跑起来，一边跑，一边数着自己的步子。等他拾起落在地上的纸片，气喘吁吁地回到掩体时，大家才看清他是著名的物理学家费米。

只见他十分兴奋地说："大家听着，第一颗原子弹爆炸的威力，大约相当于2万吨普通军用炸药爆炸时所释放出来的能量。"

要不是他在物理学界非常有威望，大家都会认为他是在招摇撞骗，即使由于他的威望，对小小几张纸片竟能测出原子弹爆炸时的威力，大家也感到疑惑不解、半信半疑。没有想到，两小时后，经过精密仪器测定的结果，与费米的纸片测定结果相同。从此，人们不由得对费米更加崇敬了。

物理学家费米如何利用纸片推算出原子弹爆炸的威力呢？原来，原子弹爆炸时巨大的能量以三种形式释放出来：第一是爆炸中心产生极高的温度，辐射大量的热；第二是附近空气受热膨胀，产生强大的冲击波；第三是产生相当多的放射性粒子。费米计算了三种形式能量之间的关系，因此，只要测出一种能量，就可算出全部能量，即原子弹爆炸的威力。费米选择了测量冲击波的能量。这种能量，即强大气流的能量最容易测量。气流的能量正比于气流的速度，而气流的速度可以看作纸片飘动的速度。那么又如何知道纸片飘动的速度呢？纸片的速度为纸片飘过的距离除以飘动的时间。只要事先练习好每一步的准确距离和计算出跨一步的精确时间，在跟随小纸片奔跑时，记下小纸片落地时已跑了多少步，又记下跑到小纸片落地处一共是多少步，这样就能求得小纸片飘过的距离和飘动的时间，纸片的速度就知道了。当然，用这种方法推算出的爆炸威力的结果只能是近似的数值。

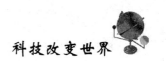

# 油画中的数学题

俄国一美术博物馆收藏了一幅奇怪的油画，画名就叫《难题》。油画的作者是著名俄国画家波格丹洛夫·别列斯基。油画描绘了俄国数学家、教育家拉金斯基和他的学生们正在演算黑板上的数学题。画面的主体是黑板上用白粉笔列的一道数学题。一群俄国小学生正仰着小脑袋，皱着小眉头，望着黑板上的数学题动脑筋。黑板上方有一个镜框，镜框里有拉金斯基的半身肖像。他面带微笑，双眼闪着聪睿和蔼之光，看着孩子们，好像在鼓励他们开动脑筋，攻克难关。

这幅油画中，黑板上的数学题占据了画面的中心，似乎显得单调、枯燥；但是，只要人们驻足观看一眼，就会被画面空间洋溢出的智慧吸引住，情不自禁地在油画前做起数学题来。

乍看之下，这道数学题似乎并不难，但是细细一看，却也不是很容易。它不仅使小学生搔头抓耳弄不明白，就是大人们也一下子难以算清。

黑板上列的是一道分数题：

分子是：10 的平方加 11 的平方加 12 的平方加 13 的平方加 14 的平方；

分母是：365。

求它的答案。

这道题是拉金斯基出给他所教的小学生做的。拉金斯基是俄国莫斯科大学的数学教授，是著名的数学家。他为什么要给小学生出数学题呢？

原来，拉金斯基虽然出生于俄罗斯偏远的农村，却天生地对数学有浓厚的兴趣，小时候常常为一些"难题"，算个几天几夜也不疲倦。11 岁那年，他碰到一道二元二次方程式，无论他怎样绞尽脑汁，也解不出来。倔强的他独自徒步 100 多里，到城里向一位中学数学老师请教。老师只花了一分钟，教给了他一个简单的公式。他便很容易、很迅速地解开了这道方程式。这件事对拉金斯基深有触动：一些令乡村孩子们头疼的"难题"，只要有老师指导，其实是很容易解的。

拉金斯基通过自己的努力奋斗，终于成为俄罗斯出类拔萃的数学家。但是，他始终难忘乡村的孩子们。经过再三思考，他毅然辞去大学教授的职位，到乡村小学去当一名数学教师。他深知数学常常使农村孩子们畏惧，决心把枯燥的数学转变为孩子们喜爱的课程。于是，他利用数的一些特性，教给孩子们许多速算的方法。这既可以教给孩子们实际的技能，也可以激发孩子们的创造性，培养出对数学的浓厚兴趣和严谨的思维。油画中的数学题就是拉金斯基出的。他之所以要出这道题，是因为这道题看起来很麻烦，但是，如果了解了这道题几个数字之间存在的一个特性，它就迎刃而解了。

那么，这道题几个数字之间有什么特性呢？

你先算一算，它等于多少？

在计算中，你发现什么规律没有？拉金斯基在计算中发现了一个规律，就是：10 的平方加 11 的平方加 12 的平方之和，正好等于 13 的平方加 14 的平方之和。而 10 的平方加 11 的平方加 12 的平方等于 365；也就是说，13 的平方加 14 的平方也等于 365。这样，分子是两个 365 的和，而分母是一个 365。分子除以分母，答案即可脱口而出地说出来：2。

这样的数学题，不仅教会学生速算的方法，更重要的是，它能启发学生细心地去考察数的一些性质，从而运用技巧去解决难题。画家别列斯基创作这幅油画，把看似枯燥的数学题绘进画幅，但却使观者如嚼橄榄，回味无穷，观众对拉金斯基出色的教学法赞不绝口。

看过这幅油画的人，在弄懂了它的寓意以后，再做数学题，都会特别留心数字之间是否有规律存在，并力图寻找出简便的运算方法来。中国著名数学家华罗庚曾经建议学数学的人，都看一看这幅油画。

# 9 进制

　　乔治·兰伯特是美国加利福尼亚州一所中学的数学教师，他对数学特别敏感而且有极大的研究兴趣。他常年与数目、公式打交道，深感数学的神秘和魅力。特别有趣的是，他的妻子安妮连续 3 年都在同一天分娩，更使他感到冥冥之中的某种神秘力量造成了这种巧合。因此，他开始注意一些巧合的事件，力图用数学的方式来破解巧合。

　　随便举几例他发现的巧合。

　　法国皇帝拿破仑与纳粹元首希特勒相隔 1 个多世纪，但他们之间却有很多数字的巧合。拿破仑 1804 年执政，希特勒 1933 年上台，相隔 129 年。拿破仑 1816 年战败，希特勒 1945 年灭亡，相隔 129 年。拿破仑 1809 年占领维也纳，希特勒在 1938 年攻入维也纳，相隔也是 129 年。拿破仑 1812 年进攻俄国，希特勒 1941 年进攻苏联，其间相隔又是 129 年。

　　美国第 16 届总统林肯于 1861 年任总统，美国第 35 届总统肯尼迪于 1961 年任总统，时隔 100 年。两人同在星期五并在女人的参与下被刺遇害。接替林肯任总统的名叫约翰逊，接替肯尼迪任总统的也叫约翰逊。更巧的是，杀害林肯的凶手生于 1829 年，杀害肯尼迪的凶手生于 1929 年，又正好相隔 100 年。两名凶手都被捕获经审讯被处决。更令人吃惊的是，林肯出事这一天，他的一位姓肯尼迪的秘书曾急切建议林肯不要去剧院；而肯尼迪出事这天，他的一位叫林肯的秘书也曾极力劝告肯尼迪推迟达拉斯之行。

　　兰伯特被这些巧合和数字迷住了，他经常将这些数字翻来覆去地分解组合。他惊奇地发现拿破仑和希特勒的巧合数 129 与林肯和肯尼迪的巧合数 100，把它们颠倒过来成为 921 和 001，用 921 减去 129，用 100 减去 001，得

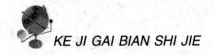

数都能被 9 除尽：921 – 129 = 792，792 ÷ 9 = 88；100-001 = 99；99 ÷ 9 = 11。而且，它们都有一个十位、个位相同的两位数商。

兰伯特异常吃惊。他又做游戏似地用这些名人的出生日期来做数字组合分解，又得到一个奇特的数学现象。

拿破仑出生于 1769 年 8 月 15 日，将这些数字连起来，构成一个数 1769815。重新组合排列这些数，任意构成一个不同的数，例如 9876511。在这两个数中，用大数减去小数，即 9876511 – 1769815 = 8106696。把所得的差的各个数位上的数相加，得到一个两位数 36。再把这个两位数十位和个位上的数相加，即 3 + 6 = 9。最后的结果是 9。

林肯出生于 1809 年 2 月 12 日，将这些数字连起来，构成一个数 1809212。重新组合排列这些数，任意构成一个不同的数，例如 9212081。在这两个数中，用大数减去小数，即 9212081 – 1809212 = 7402869。把所得的差的各个数位上的数相加，得到一个两位数 36。再把 3 和 6 相加，其结果仍然是 9。

实际上，把任何人的生日写出来，按照上面的方法计算，最后得到的结果都是 9。不信，用你的生日算一下，结果一定还是 9！

兰伯特对 9 入了迷。

他发现，将 1，2，3，4，5，6，7，8，9 加在一起，它的和是 45，那么 4 + 5 = 9。

他发现，用 9 乘以任何数，得出的积数相加，结果它们的和总是 9。

9 × 2 = 18——1 + 8 = 9

9 × 3 = 27——2 + 7 = 9

9 × 4 = 36——3 + 6 = 9

9 × 5 = 45——4 + 5 = 9

9 × 6 = 54——5 + 4 = 9

9 × 7 = 63——6 + 3 = 9

9 × 8 = 72——7 + 2 = 9

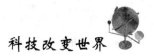

$9 \times 9 = 81$——$8 + 1 = 9$

不论你用来乘 9 的数有多大，得数加起来总是 9！你可以试用每一个数，结果绝对都如此：

$9 \times 78 = 702$——$7 + 0 + 2 = 9$

$9 \times 1997 = 17973$——$1 + 7 + 9 + 7 + 3 = 27$——$2 + 7 = 9$

……

他发现，取任何一个数，比如说 1997，把每一位数加起来 $1 + 9 + 9 + 7 = 26$，用 1997 减去 26，就等于 1971。这个数一定能被 9 除尽！$1971 \div 9 = 219$。

兰伯特带着对 9 的神秘感去请教大数学家乔希·波普。波普告诉他关于 9 的数理。

把一个大数的各位数字相加得到一个和；再把这个和的各位数字相加又得到一个和；这样继续下去，直到最后的数字之和是个一位数为止。最后这个数称为最初那个数的"数字根"。这个数字根等于原数除以 9 的余数。这个计算过程，被称为"弃 9 法"。

求一个数的数字根，最快的方法是在加原数的数字时把 9 舍去。例如求 199798 的数字根，其中有 3 个 9，而 $1 + 8$ 也等于 9，就可以舍去，最后只剩下 7。7 就是 199798 这个原数的数字根。

由这些知识可以解释前面所述生日算法的奥妙。假定一个数 $n$ 由很多数字组成，把 $n$ 的各个数字打乱重排，就得到一个新的数 $n'$。显然 $n$ 和 $n'$ 有相同的数字根（例如 199798 和 199897），把两个数字根相减就会得 0。也就是说 $n - n'$ 一定是 9 的倍数，它的数字根是 0 或 9。而在这种算法中，0 和 9 本是一回事（即一个数除以 9 所得的余数）。$n - n' = 0$，只有在 $n = n'$ 即原数实际上没有改变时才发生；只要 $n \neq n'$，那么 $n \cdot n'$ 累次求数字和所得的结果一定是 9。

懂得了弃 9 法，兰伯特顿悟了不少。他进而想到，人类根本不应当 10 个 10 个地数数（十进制），也不应该 12 个 12 个（一打）地数数，而应该 9 个 9 个地数数，实行九进制。

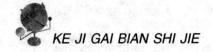
　　这听起来似乎令人难以接受。因为人类有史以来就使用十进制；而现在的电子计算机也是采用的二进制。使用九进制有必要吗？

　　科学家认为，使用九进制，能使加减乘除运算变得更快更准确。但目前对 9 的研究还很不够，9 对人类来说还极具神秘性。包括兰伯特在内的数学家们正努力地探索 9 的奥秘，希望在 21 世纪能对 9 的研究有更大的突破。

　　在结束本文的时候，请欣赏以下美妙的数字，以唤起你对神秘的 9 的兴趣，让你成为打破 9 的神秘的突击手，使人类在 21 世纪有可能掌握一种更先进的九进制计数方法：

$$987654321 \times 9 = 8888888889$$

$$987654321 \times 18 = 17777777778$$

$$987654321 \times 27 = 26666666667$$

$$987654321 \times 36 = 35555555556$$

$$987654321 \times 45 = 44444444445$$

$$987654321 \times 54 = 53333333334$$

$$987654321 \times 63 = 62222222223$$

$$987654321 \times 72 = 71111111112$$

$$987654321 \times 81 = 80000000001$$

# 蜜蜂问题

在美国数学界广泛流传着一个解蜜蜂问题的故事。

据说，在一次鸡尾酒会上，许多数学家聚集一堂，欢声笑语，洋溢着轻松愉快的气氛。著名的数学大师、"电子计算机之父"冯·诺依曼端着酒杯，和同行们说说笑笑。一位客人看到冯·诺依曼有时流露出心不在焉、若有所思的样子，知道这是科学家的"职业病"：搞惯了科学研究，做惯了思维"体操"，头脑里不想点问题便好像丢了什么东西似的。于是，他想出了一个问题。

"你好，冯·诺依曼先后，想做游戏吗?"

"游戏?"他指了指头脑，说："它正想活动活动，做做思维游戏呢!"

"我这里有一个蜜蜂问题。两列火车相距 100 英里，在同一轨道上相向行驶，速度都是每小时 50 英里。火车 A 的前端有 1 只蜜蜂以每小时 100 英里的速度飞向火车 B，遇到火车 B 以后，立即回头以同样的速度飞向火车 A，遇到火车 A 以后，又回头飞向火车 B，速度始终保持不变，如此下去，直到两列火车相遇时才停止。假设蜜蜂回头转身的时间忽略不计，那么，这只蜜蜂（冯·诺依曼插话：好一只超级蜜蜂!）一共飞了多少英里的路?"

冯·诺依曼，这位 20 世纪最杰出的数学家，心算能力极强，不用笔和纸就能熟练自如地进行计算。据说，他 6 岁就能心算 8 位数的除法，十来岁时就掌握了微积分，中学时在匈牙利数学竞赛中名列第一。他的老师、

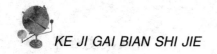

著名的数学家、教育家波利亚回忆说："约翰（冯·诺依曼的名字）是我惟一感到害怕的学生，如果我在讲演中列出一道难题，那么当我讲演结束时，他总会手拿一张潦草写成的纸片，说他已把难题解出来了。"

这时，把解答有趣的数学题作为一种积极的休息，作为参加一种游戏，冯·诺依曼没有用简单的算术方法，而是别出心裁地采用了高等数学中一个巧妙的解法，很快地解出了这个问题。

如果你直接从蜜蜂往返飞行的路程去求解，那就很复杂了；而间接用蜜蜂飞行的时间来求解，那非常简单。

因为两列火车相距 100 英里，以每小时 50 英里的速度相向而行，所以，它们相遇时所经过的时间是 1 小时。而蜜蜂在这一段时间内，不停地在两列火车之前往返飞行，蜜蜂飞行的全部时间正好是两列火车相遇的时间。所以，蜜蜂在这 1 小时内，正好飞行了 100 英里。

有趣的是，我国著名数学大师苏步青教授，在一次出国访问时，脱口而出地解出了一位外国数学家提出的和"蜜蜂问题"类似的"猎狗问题"：

猎人甲带着他的猎狗到 120 公里外的猎人乙家去作客。当甲出发时，乙也正好走出家门去迎接甲。甲每小时走 10 公里，乙每小时走 20 公里，猎狗每小时走 30 公里。当猎狗先与乙相遇后，又返回来迎接甲，与甲相遇后，再转身去迎接乙。这样，猎狗就在甲、乙之间往返奔跑。问：当甲、乙相遇时，猎狗一共跑了多少公里路？

因为猎狗往返奔跑的全部时间，正好是猎人甲、乙相遇的时间：

$120 \div (10 + 20) = 4$（小时）

所以，猎狗一共跑的路程是：

$30 \times 4 = 120$（公里）

# 数字"冰雹"

让我们先来做一个游戏：

你随便取一个自然数，如果它是偶数，就用 2 去除它；如果它是奇数，将它乘 3 之后再加 1，这样反复运算，你会发现，最终必然是 1。

比如，取自然数 N = 6。6 是偶数，要先用 2 除，$6 \div 2 = 3$；3 是奇数，要将它乘 3 之后再加 1，$3 \times 3 + 1 = 10$；按照上述法则继续往下做：$10 \div 2 = 5$，$5 \times 3 + 1 = 16$，$16 \div 2 = 8$，$8 \div 2 = 4$，$4 \div 2 = 2$，$2 \div 2 = 1$。从 6 开始经历了 $3 \to 10 \to 5 \to 16 \to 8 \to 4 \to 2 \to 1$，最后得 1。

用一个大一点的数运算，结果还是这样吗？

取自然数 N = 16384。你会发现这个数连续用 2 除了 14 次，最后还是得 1。

上面用的两个数都是偶数，奇数是不是这样的呢？

取自然数 N = 19。按照上面的法则来算，可以得到下面一串数字：

$19 \to 58 \to 29 \to 88 \to 44 \to 22 \to 11 \to 34 \to 17 \to 52 \to 26 \to 13 \to 40 \to 20 \to 10 \to 5 \to 16 \to 8 \to 4 \to 2 \to 1$。

经过 20 步，最终也变为最小的自然数 1。

这个有趣的现象引起了许多数学爱好者的兴趣。一位美国数学家说："有一个时期，在美国的大学里，它几乎成了最热门的话题。数学系和计算机系的大学生，差不多人人都在研究它。"人们通过大量演算发现最后结果总是得 1。于是，数学家便提出如下一个猜想：

对于任一个自然数 N，如果 N 是偶数，就把它变成 $\frac{N}{2}$；如果 N 是奇数，

就把它变成 3N+1。按照这个法则运算下去，最终必然得 1。

这个猜想最初是由哪位数学家提出来的，已经搞不清楚了，但似乎并不古老。20 世纪 30 年代，德国汉堡大学的学生考拉兹就研究过它。1952 年一位英国数学家独立发现了它。几年之后它又被一位美国数学家所发现。自 20 世纪 50 年代起，这个问题一再引起人们的广泛兴趣。

在日本，这个问题最早是由角谷静夫介绍到日本的，所以日本人称它为"角谷猜想"。1960 年角谷静夫初次听到这个问题，他说："有一个月，耶鲁大学每一个人都在研究这个问题，但没有任何结果。我到芝加哥大学提出这个问题之后，也出现了同样现象。有人开玩笑说，这个问题是企图减缓美国数学进展的一个阴谋。"足见这个问题的吸引力之大。

人们争先恐后去研究这个猜想，一遍遍地进行运算，在运算过程中发现，算出来的数字忽大忽小，有的计算过程很长。比如从 27 算到 1，需要 112 步。有人把演算过程形容为云中的小水滴，在高空气流的作用下，忽高忽低，遇冷结冰，体积越来越大，最后变成冰雹落了下来，而演算的数字最后也像冰雹一样掉了下来，变成了 1。因此人们又给这个猜想起了个形象的名字——冰雹猜想。

# 巧称苹果

秋天到了，苹果园里，树上硕果累累，一派丰收景象。

小明的叔叔是林场的工程师，星期天加班。小明要叔叔带他到果园去玩。

小明和叔叔来到苹果质量检验处。叔叔仔细察看了职工们的工作：把摘下的苹果分类，检验，装箱。

"叔叔，一箱苹果有多重?"小朋问。

"四五十公斤吧，重量不一定相同。"叔叔说。

"咱们称一称吧!"小明要求道。

"好。"叔叔把小明领到一架磅秤旁边。不巧，管计量的职工有事离开了，把磅秤的小秤砣收了起来，只留下了100公斤的大秤砣。

小明不高兴了："那怎么称一箱苹果的重量?"

叔叔想了想，说："咱们把这5箱苹果两两合称吧!"

小明说："两两合称就是每两箱一起称，一共要称10次。"

叔叔说："对。不过，需要说明一下：咱们称的是苹果连同纸箱的重量，叫做毛重；箱子里面苹果的重量叫做净重。咱们以下说的每箱苹果的重量，都是毛重。"

小明和叔叔抬起苹果箱过称，记录如下：

5箱苹果，两两合称，重量（单位：公斤）为：

111，112，113，114，115，

116，117，118，119，121。

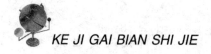
叔叔知道小明是数学课外小组成员，便想考考他："你算算每箱苹果的重量，"叔叔又补充，"假定每箱苹果重量的公斤数都是整数。"

小明说："我把这 10 个数加起来，除以 20，不就算出来了！"

叔叔笑了："那是平均数。你从这 10 个数中，能看出这 5 箱苹果的重量有两箱相同吗？"

小明说："因为这 10 个数两两不相同，而且前面 9 个是连续自然数，所以，我推测这 5 箱苹果的重量两两不相同。"

"对。还有呢？"

"还有……没有了！"

叔叔启发说："你从最简单的数，比如 1，2，3 下手，找找规律。"

小明说："我试试看。1，2，3 两两相加，得到 3，4，5。这是什么规律呢？"

叔叔说："思考要来一个飞跃，由简单到复杂，由具体到抽象，才能发现规律。你刚才说的，抽象到一般情况就是，3 个连续自然数 $n$，$n+1$，$n+2$，

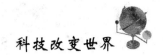

两两之和为 $2n+1$，$2n+2$，$2n+3$，还有 3 个连续自然数。"

小明恍然大悟："哎呀，我的脑子到这会儿才有点儿开窍。111，112，113 应该是 3 个连续自然数两两相加而得到的，这 3 个数是……"

小明在草稿纸上做了一些计算之后，把草稿纸递给叔叔，说："我已经算出来了，这 5 箱苹果的重量是……"

小明观察出这 10 个数，它们两两不同，而且前 9 个是连续的自然数，在叔叔的启发下推出，这 5 箱苹果的重量两两不相同，而且最小的 3 个重量数可能是连续的自然数。因为 3 个连续自然数两两之和仍为 3 个连续自然数，所以首先推出最小的 3 个重量的公斤数为 55，56，57，它们两两之和为 111，112，113。其次，第四个公斤数不可能是 58，因为不然的话，便有 $58+55=56+57=113$，得出了两个 113，这与已知条件"两两合称，结果两两不同"相矛盾。取第四个公斤数为 59，经过试验：

$$55+59=114，56+59=115，$$

$$57+59=116，$$

符合已知条件。类似地，可以求得第五个公斤数为 62。

因此，这 5 箱苹果重量的公斤数分别是

$$55，56，57，59，62。$$

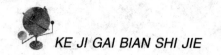

# 会下金蛋的母鸡

神话里有个仙人，他有一个神奇的宝盆，装进石子就能变成金子；童话里有个仙女，她有一个神奇的手指，能点石成金；……这些当然都是人们编造出来虚无缥缈的故事。

然而，在数学王国里，却真有一只神奇的会下金蛋的母鸡……

那是在 300 多年前的法国。

当时巴黎有一位律师，名叫皮埃尔·费尔马，是一个数学爱好者。他把毕生的业余时间都用来研究数学，并且在许多数学领域里做出了开创性的贡献，被人们称为"业余数学家之王"。

费尔马性情好静，不喜欢写书和发表论文，但是喜欢在钻研别人的著作时，在书页的空白处随时写下问题，记下心得。

1637 年，费尔马在巴黎买了一本古希腊数学家丢番都的著作《算术》的拉丁文译本。他在这本书第 2 卷的"将一个平方数分为两个平方数"旁边的空白处写了一段话："将一个立方数分为两个立方数，一个四次幂分为两个四

次幂，或者一般地将一个高于二次的幂分为两个同次的幂，这是不可能的。关于这个结论，我确信已经发现了一种美妙的证明方法，可惜这里空白的地方太小，写不下。"

当然，这段话是费尔马死后，人们为编辑、整理他的论述而查阅他的书籍时发现的。

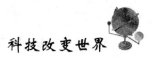

但是，谁也没有见到过这个"美妙的证明"。费尔马的儿子整理了他的全部遗稿和书信，都没有找到那个"美妙的证明"。

后人把费尔马写在书页空白处的那个结论叫做"费尔马猜想"或"费尔马问题"，但更普遍的是称之为"费尔马大定理"。用数学术语表达费尔马大定理就是："当 $n$ 是大于 2 的整数时，方程 $x^n + y^n = z^n$ 没有非零的整数解。"

费尔马大定理的证明激起了许许多多数学家的兴趣，高斯（"数学王子"）和欧拉（18 世纪最优秀的数学家）都为证明它而花费了巨大的精力，但都没有解决。人们惊呼：费尔马大定理的证明实在太难了！它简直是在向人类的智慧挑战！

为了鼓励人们解决这道难题，许多国家的科学院曾设立多种奖金。17 世纪末，德国一个城市的科学家和市民募捐了 10 万金马克，准备奖给解决这个难题的人，但没有得到结果；19 世纪中，法国科学院两次设立 3 千法郎奖金，也没有得到结果；1908 年，德国哥廷根科学院设立奖金 10 万马克，限期 100 年，向全世界征求费尔马大定理的证明，到现在为止，仍然没有看到完全的证明！

300 多年来，一代一代数学家为了显示人类的智慧，揭示难题背后的数学真理，不断地创造新颖的数学方法，无意中创立和发展了新的数学分支，推动了整个数学的发展，这个意义远远超过了解决这个难题的本身。

1900 年 8 月 6 日，第 2 届国际数学家大会在巴黎开幕了。8 月 9 日，德国大数学家希尔伯特向到会的 200 多名数学家，也是向国际数学界提出了 23 个问题，这些问题当然都是非常非常难的，是新世纪里数学家们应当解决的。人们奇怪地问希尔伯特，为什么不把费尔马大定理列入这 23 个问题中去？希尔伯特意味深长地说："如果我能解决这个问题，我将回避而故意不解决，这是因为我们应当更加注意，不要杀掉这只经常为我们生出金蛋的母鸡。"

希尔伯特把费尔马大定理比作"经常为我们生出金蛋的母鸡"，说明追求一个难题的解决，往往会使人们闯入新的领域里去。例如，德国数学家库麦尔（1810～1893）在研究费尔马大定理的过程中，创立了重要的数学概念——理想数，同时开创了一门崭新的数学分支——代数数论（1884），在现代数学中，代数数论仍然是十分活跃的领域，因为数学家们认为，库麦尔因此而创立的代数数论比费尔马大定理本身还重要得多！

"光阴似箭，日月如梭"，转眼就到了 20 世纪 90 年代，证明费尔马大定理的工作也不断取得进展。"说时迟，那时快"，历史的指针指向了公元 1993 年，距离德国哥廷根科学院 1908 年悬赏 10 万马克征求费尔马大定理的证明的 100 年有效期限，只有短短的 14 年了！这时，在向费尔马大定理进军的征途中，传出了震惊世界的消息：1993 年 6 月 23 日，在英国剑桥大学举行的一次小型数学学术会议上，四十多岁的威尔斯（A. Wiles）博士在连续 3 天的学术报告结束时宣布：他已证明了费尔马大定理！几小时内，费尔马大定理获得证明的消息传遍四方，震惊了国际学术界。

威尔斯出生于英国牛津，小时候听说过"一只会下金蛋的母鸡"故事后，就对费尔马大定理着了迷，立志征服这座无人登顶的数学王国的高峰。就是这条奇妙的定理将他引入数学的殿堂，他选择"数学"作为他的职业。儿时的梦想，虽然带有绚丽的光环，但是，对于已成为数学家的威尔斯博士来说，却是一个耀眼的灯塔，他拟订了一套切实可行的研究方案来实现他童年的梦想——证明费尔马大定理。不过，所有这些研究工作都是极其秘密地进行的，就是在他宣布证明了费尔马大定理的学术会上，人们开始也未能察觉到他报告的最终目标。

威尔斯的工作公布后，很快受到了国际上一些最著名的数学家的喝彩，大多数人认为威尔斯是一位严肃的数学家，他的证明基础是可靠的。

人们正翘首期盼着欢呼费尔马大定理获得证明的最后时刻的到来！

但是，1993 年 12 月 4 日，威尔斯教授宣布，他于 6 月对费尔马大定理的

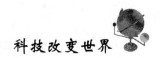

证明中"有漏洞"。所以，费尔马大定理仍在证明中！（见《中国数学会通讯》1994 年第二期）读者同学，你看了这个故事，有什么想法呢？

让我们听听数学大师希尔伯特的一番话："正如人类的每项事业都追求确定的目标一样，数学研究也需要自己的问题。正是通过这些问题的解决，研究者锻炼其钢铁意志和力量，发展新方法和新观点，达到更广阔和自由的境界。"

我们了解一些数学问题的历史和意义，可以提高对数学的认识，可以激励自己像前人那样顽强学习，为人类进步事业作出贡献。

# 奇妙的"0.618"

让一根很普通的细橡皮筋发出"哆来咪"的声音并不难：把它拉紧，固定住，拨动一下，就是"1"，然后量出其长，作一道几何题——把这条"线段"进行黄金分割，可以测出"分割"得到的两条线段中较长的一段，约是原线段长度的0.618倍。捏住这个点，拨动较长的那段"弦"，就发出"2"；再把这段较长线段进行黄金分割，就找到了"3"，以此类推"4、5、6、7"同样可以找到。

什么是黄金分割呢？把一条线段分成两条线段，使其中的较长线段是原线段与较短线段的比例中项，也就是说使较长线段的长的平方等于原线段与较短线段的长度的乘积。这就叫做把线段黄金分割。通过计算可知，较长线段与原线段之长的比值约为0.618。正是这个奇妙的0.618，使琴弦发出准确而清纯的音响。

"0.618"，意味着美，意味着和谐。

你从电视中见过碧水轻流的安大略湖畔的加拿大名城多伦多吗？这个高楼大厦鳞次栉比的现代化城市中，最醒目的建筑就是高耸的多伦多电视塔，它气宇轩昂，直冲云霄。有趣的是嵌在塔中上部的扁圆的空中楼阁，恰好位于塔身全长的0.618倍处，即在塔高的黄金分割点上。它使瘦削的电视塔显得和谐、典雅、别具一格。多伦多电视塔被称为"高塔之王"，这个奇妙的"0.618"起了决定性作用。

与此类似，举世闻名的法兰西"高塔之祖"——艾菲尔铁塔，它的第二层平台正好坐落在塔高的黄金分割点上，给铁塔增添了无穷的魅力。

气势雄伟的建筑物少不了"0.618"，艺术上更是如此。舞台上，演员既

不是站在正中间，也不会站在台边上，而是站在舞台全长的 0.618 倍处，站在这一点上，观众看上去才惬意。我们从所熟悉的米洛斯的"维纳斯"、"雅典娜"女神像及"海姑娘"阿曼达等一些名垂千古的雕像中，都可以找到"黄金比值"——0.618，因而作品达到了美的奇境。达·芬奇的《蒙娜丽莎》、拉斐尔笔下温和俊秀的圣母像，都有意无意地用上了这个比值。因为人体的很多部位，都遵循着黄金分割比例。人们公认的最完美的脸型——"鹅蛋"形，脸宽与脸长的比值约为 0.618。如果计算一下翩翩欲仙的芭蕾演员的优美身段，可以得知，他们的腿长与身长的比值也大约是 0.618。另外人体躯干的宽、高比值也是 0.618。一个个奇妙的 0.618，组成了人体的美。我国一位二胡演奏家在漫长的演奏生涯中发现，如果把二胡的"千斤"放在琴弦某处，音色会无与伦比的美妙。经过数学家验证，这一点恰恰是琴弦的黄金分割点：0.618！黄金比值，在创造着奇迹！

偶然吗？不，在人们身边，到处都有 0.618 的"杰作"：人们总是把桌面、门窗等做成宽与长比值为 0.618 的长方形。

在数学上，0.618 更是大显神通。华罗庚推广的著名的优选法中就涉及"0.618 法"，并以大量事例启迪人们去认识这奇妙的黄金分割律。

0.618，这美的比值、美的色彩、美的旋律，广泛地体现在人们的日常生活中，与人们关系甚密。0.618，奇妙的数字！它创造了无数的美，统一着人们的审美观。爱开玩笑的 0.618，又制造了大量的"巧合"。在整个世界中，无处不闪耀着 0.618 那黄金一样熠熠的光辉！

# 韩信点兵

在汉朝，大名鼎鼎的韩信是路人皆知的大将军，深得刘邦的器重。韩信原来效力于项羽手下，但并不为项羽所重用。就在韩信觉得自己的才华无法施展，心里闷闷不乐的时候，刘邦的谋士萧何看出了其中的奥秘。萧何深知韩信熟读兵书，足智多谋，很善于用兵打仗。他竭力向刘邦推荐韩信，于是不久，韩信经过一番曲折，投到了刘邦的帐下，成为刘邦的大将军。后来，韩信果然不负众望，接二连三地取得了几个大的战役胜利，为刘邦夺取江山立下汗马功劳。

有一次，韩信去校场清点兵马。士兵们整整齐齐排好队，鲜艳地旗帜迎风招展，等着韩信到来。这时韩信身披战袍，好威风，昂首阔步登上点将台。随从们站在边上，听着韩信发令。

韩信胸有成竹，手执令旗，调遣军队。只见韩信呼啦啦把旗一挥，发出信号。士兵们的队形马上发生了变化，排成 3 列横队，前后对得整整齐齐。韩信默默记下了不足 3 人一排中余下的人数。接着，韩信的令旗又一挥，士兵们排成 5 列横队，每五人一排也对齐。韩信又记下最后一排不足 5 人的数。最后，韩信再变一次队形，把整个军队变成 7 列横队，每七人一排也对齐。韩信再数了不足 7 人一排中的人数。韩信就根据这三个数，算出缺席士兵的人数，看上去很容易，很快就完成了。

不过随从心里有点纳闷，这样真行吗？有一位冒失者就问道："大将军，您已经点清了吗？"

"不错，有何疑问？"韩信回答。

这位随从把韩信的答案拿来一对，确实不差，于是接着问："请问大将军

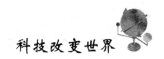

是怎样点兵的?"

"这不是我韩信的发明,你去仔细读读《算经十书》这本书就知道了。"

这位随从后来发现,《算经十书》中的《孙子算经》中确实有一道题,与韩信点兵的方法相同,大致意思是这样的:

有一堆东西,个数不知道。不过,三个三个一数,剩两个;五个五个一数,剩三个;七个七个一数,剩两个。请问一共有多少个?

这个问题的解法在书中也有详细的阐述。后来,欧洲人高斯也发现了类似的定理,但要晚1000多年。人们把这类问题称为"中国剩余定理"或"孙子定理"。中国古文明的火花闪烁出夺目的光辉。不仅如此,明朝数学家程大位还编出一首歌诀,通俗易懂:

> 三人同行七十稀,
>
> 五树梅花廿一枝,
>
> 七子团圆正半月,
>
> 除百零五便得知。

这首歌诀的意思是:把除以 3 的余数乘 70,把除以 5 的余数乘 21,把除以 7 的余数乘 15,然后全加起来减去 105 的倍数或加 105 的倍数。

这类问题的应用很广,就是在电子计算机的设计中也要用到。

# 棋盘上的奖赏

这是发生在国际象棋棋盘上的一个故事。

说到国际象棋，你可能还不知道是个什么样子，这不要紧。要弄明白这个故事，根本用不着懂得下棋，只要知道这种象棋的棋盘是四方形的，上面画着 64 个小方格就行了。

这种国际象棋是印度宰相西萨·班·达依尔发明的。国王舍罕知道后非常赞赏，就把宰相达依尔召到面前，说：

"老爱卿，你以自己的聪明才智发明了这种变化无穷、引人入胜的游戏，我要重重地奖赏你。"

宰相达依尔跪倒在国王面前，说："陛下，你的恩赐，臣万分感激。"

国王说："我可以满足你最大胆的要求，只要你能想到的，你就可以得到它。"

宰相不做声，低着头沉思。

"不要害怕！"国王鼓励说："说出你的愿望来吧，我会使你满意的。"

"陛下，"宰相说，"那就请你在棋盘的第一个小格内赐给我 1 粒麦子吧。"

"什么？1 粒麦子？"国王感到非常意外，惊讶地问。

"是的，陛下，1 粒普通的麦子。"宰相说，"请在第二个小格内赐给我 2 粒，第三个小格内赐给我 4 粒，第四个小格 8 粒，第五个小格 16 粒，照这样下去，每一小格是前一小格的 2 倍。把摆满棋盘 64 个小格的所有麦子赏赐给你的仆人吧！"

"竟是这种愿望！你不是在开玩笑吧？"国王有些生气了。他觉得这种要求是对国王财富的一种蔑视。他便用一种讥讽的口吻说："老爱卿，这种要求大概你不会怕我满足不了你吧？"

当时就叫侍从扛来一口袋麦子。

特殊的发奖仪式开始了。国王亲手在第一小格内放了 1 粒麦子，在第二小格放了 2 粒，第三小格放了 4 粒，第四小格放了 8 粒。然后就很扫兴地离开了，叫侍从代替他，并嘱咐说："填满方格，给他送去就行了。"

老练的侍从没有急着一格一格地去放麦粒，而是先计算了计算，看看总共需要几口袋。

数目计算出来了。这个数，竟把侍从吓呆了。他赶紧去报告国王。

"国王陛下，我已经准确地算出了宰相要的麦子数量，这个数目大到……"

"不管这个数目有多大，我的粮仓是绝不会空的。"国王骄傲地打断侍从的话说，"我答应的赏赐，要一粒不少地给他。"

"这是绝对不可能的，陛下！"侍从说，"宰相所要求的，不仅您所有粮仓的麦子不够，就是把全世界的麦子都给了他，也相差太远太远了。"

"能这样吗？你是不是算错了？"国王怀疑地说。

"一点不错，陛下，这是千真万确的！"接着，侍从便算给国王听。

宰相达依尔要求赏赐的麦子是多少呢？通过计算才知道，这需要：

$$1 + 2 + 2^2 + 2^3 + 2^4 + \cdots + 2^{62} + 2^{63}$$

$$= 18446744073709551615 （颗麦子）$$

1 立方米麦子约有 15000000 粒。照这样计算，国王就得给宰相 1200000000000 立方米的麦子。这些麦子比全世界两千年生产麦子的总和还多。假如造一个高 4 米、宽 10 米的粮仓装这些麦子，这个粮仓就有 30000000 千米长，能绕地球赤道转 700 圈，等于地球到太阳距离的两倍。

国王哪有这么多的麦子呢？他的慷慨的赏赐，成了欠宰相达依尔的一笔永远也还不清的债。

国王舍罕，万万没有想到，从 1 粒麦子开始，两倍两倍地增加，只在 64 个小格内就变出那么大个惊人的数目。宰相的智慧超出了国王的想象力。尽

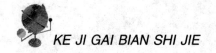

管国王满口答应一定要满足宰相提出的任何要求，但是，无论如何，国王是拿不出那么多麦子的。

这使国王大伤脑筋，终日心事重重，一筹莫展。心想：就是祈求上帝帮助，这笔奖赏也肯定付不清了。

这件事让一个教师知道了。他赶到京城，求见国王说："陛下，听说为了棋盘上的奖赏您正左右为难，闷闷不乐？"

"你既然已经知道了，就不需要我再重复了。"国王说。

"解决这个问题像 1 + 1 = 2 那样简单，陛下怎么倒叫它给难住了？"教师说得轻松而有把握。

"那就说说你的办法吧！"国王态度仍然很冷淡。

"按照陛下答应的条件，宰相要求多少奖赏，您丝毫不打折扣地付给他就行了，这有什么难处？"

"你是荒唐，还是无知？"国王被这"没头脑"的建议激怒了，"我能把全世界两千多年生产的麦子都搬来给他吗？"

"那倒不用。只用你粮仓里的麦子就足够了。"

"什么？只用我粮仓里的麦子就够了？"国王像是没听明白，重复地问了一句。

"事情很简单！"教师说，"宰相在棋盘上要求多少麦子就赏赐给他多少，然后把粮仓打开，让宰相自己一粒一粒数出那些麦子就行了。"

这可是国王没想到的，他不再放声，默默地听教师说。

"假设每数一粒麦子需要一秒钟的话，一昼夜 24 小时是 86400 秒。也就是说，宰相在第一昼夜能数出的麦子是 86400 粒。数十昼夜还数不到 100 万粒。照这样连续不断地数，一年才能数完 2 立方米的麦子。数上 10 年，才能数出 20 立方米，数 100 年，也只能数出 200 立方米。从现在开始，数到宰相去见上帝，他只能得到要求赏赐的极小极小的一部分。这样，就不是国王不能付给宰相奖赏，而是宰相自己无能力拿走应得的全部奖赏了。"教师像在课堂上讲课似的说给国王听。

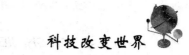

国王慢慢明白过来了，激动地连连点头说："好！好！"

像是为了进一步增强说服的效果，教师继续说："宰相要求赏赐的麦子数异常巨大，这个数目是 18446744073709551615 粒，我简直无法把它读下来。我计算过，如果一年到头，一秒也不停地一粒一粒地数，一年有 3153.6 万秒，总共需要将近 5800 亿年才能数完。到那时，不仅陛下、宰相连同我早已上了天国，就是我们的子子孙孙也早已到天国去玩耍了。"

国王兴奋得眉飞色舞，立即把宰相叫到面前，说："老爱卿，你要的奖赏我要全部付给你。"接着他把教师想出的办法说给宰相听。

宰相听后，不禁一惊，说："陛下，你的仆人是绝对无能力拿走您的赏赐的，因此也就只好不要了。但我并不感到遗憾，我深深佩服陛下想出的这个绝妙的主意，陛下的智慧超过了我。"

国王面带喜色，赞赏地看着身边的那位教师。教师安详而谦虚地微笑着。

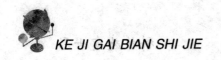
# 纸的高度

数学小组活动的时候，同学们都向小伶表示祝贺："小伶成了电视明星了！""小伶回答问题'完全正确'（一个同学模仿电视台著名的节目主持人的口气），给咱们数学小组争了光！"

"哦，原来是那天看烹饪大师大奖赛时回答了一个问题，这没有什么！"小伶谦虚地说。

李老师及时引导同学们找"数学感觉"。"数学感觉"这个词是李老师自编的，其来源是体育界和音乐界：踢足球的常说"球感"，游泳的常说"水感"，搞音乐的常说"乐感"……

李老师说："小伶回答的问题不是没有什么，而是大有文章可做，是数学里非常有趣而且有用的一个内容。"

同学们催李老师快讲。

李老师说："抻面条是把大面条抻长，绕，扣，再抻，每一扣都比上一次的面条根数增加一倍，而面条一次比一次抻得细。现在我们看一个相反的问题。

"请同学们拿出刚发的《少年科学报》，打开，把这张报纸对折一次，一张变成了两层；好，再对折一次，两层变成了4层；再对折一次，4层变成了（小聪答话：8层），对。你们看看手边的一叠纸，变厚了吧！

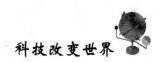

"假定你的这张纸很大很大，要多大就有多大。你把这张纸像刚才这样对折30次后，再估计一下，这叠纸放在地面上应该有多高？"

小明举手问："李老师，一张报纸的厚度是多少？"

李老师反问："能量出一张纸有多厚吗？"

小聪拿起一本书和一块三角板，一边演示一边说："我手中这本书的每一页的厚度，与这张报纸的厚度差不多。我用三角板量一量书的厚度，再看看这本书有多少页，就可以算出一张纸的厚度了。"停顿了一会儿，小聪接着说："这本书的厚度约是12毫米，有150页，我算出一张纸的厚度约是0.08毫米。"

李老师说："我们假设所用的那张很大很大的纸很薄很薄，比如说厚度只有0.01毫米。现在开始估计吧！谁先说？"

小明说："大概有1米高吧！"

小俐说："大概有10米高吧！"

小聪说："大概有3层楼房高吧！"

小伶注意到李老师露出神秘的笑容，便大着胆子说："大概有中央广播电视塔那么高吧！"

小明摇摇头，说："哪能呢！要知道，中央广播电视塔是北京最高的建筑物，塔高405米呢！"

李老师也摇摇头，笑着说："你们估计得太保守了！你们能想象得出，这个高度比世界第一高峰珠穆朗玛峰的海拔高度（小聪插话：8848米）还要高吗？这个高度比2000层的摩天大楼（每层高度以5米计算）还要高吗？不过这座摩天大楼，地球上还没有出现，是我想象中的。"

同学们都惊奇地瞪大着眼睛，异口同声地说："哎呀！这么高呀！可能吗？！"

这张纸对折30次，叠成了 $2^{30}$ 张，而每张纸的厚度是0.01毫米，所以这叠纸的高度是

$$2^{30} \times 0.01 = 10737418.24 \text{（毫米）}$$

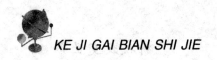

$$\approx 10737 \text{（米）,}$$

超过了世界第一高峰珠穆朗玛峰的高度，也超过了想象中的两千层高（以每层高 5 米计算）的摩天大楼的高度。

还有使你更为惊奇的呢！如果你把这张纸对折 50 次，那么这叠纸的高度是

$$2^{50} \times 0.01 = 11258999068426.24 \text{（毫米）}$$

$$\approx 11258999 \text{（公里）,}$$

大约是地球到月球的距离的 30 倍！

# 舍勒到发现氧

卡尔·舍勒，瑞典著名的化学家，突出的成就是揭开了燃烧的真相，打破了化学界的"燃素"说，发现了氧。1777 年出版了一本关于氧气的专著——《论火与空气》。

为生活所迫，舍勒 13 岁时就去哥德堡一家大药店当了学徒。

如果只想当一名合格的学徒倒也简单，可舍勒偏偏要在平凡的制药工作里有新的发现、新的创造，当一名出色的药剂师兼化学家。

于是，舍勒在向药店主人包赫学习实际操作技术时，还精心钻研当时最有名的化学家的著作。这样，他很快就能够独立思考，甚至发现包赫先生的错误。

一天，包赫先生嘱咐舍勒："在取用药品时，千万不能让液体的'盐精'跟那种特殊的'黑苦土'药混合，否则两种药都会失效。"

舍勒听到后答应了一声，可心里面却在想："为什么会失效呢?"

晚上，舍勒偷偷来到实验室，想用实验证明包赫先生说的话。可是，当他从两个注明是"黑苦土"的器皿里各取出一份跟"盐精"混合时，却发现其中一份根本没发生变化。

舍勒研究了大半个夜晚，终于发现了包赫先生的错误所在：这位资深的药剂师把石墨和另一种外貌相似的黑色矿石都叫作"黑苦土"，而"石墨"跟"盐精"混合是不会发生什么变化的。

很快，舍勒成为年轻出色的药剂师，他先后在设备优良的斯德哥尔摩沙伦贝格大药房和乌普萨拉大学实验室工作过。

在实验室，舍勒发现银盐被光照射后会还原出黑色银粒，这为以后照相

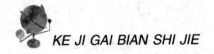

底片的发明奠定了基础。

接着，舍勒对各类有机酸产生了兴趣，并亲手提炼出乳酸、草酸、苹果酸、没食子酸，成为这一方面的专家。

一天，舍勒在去实验室的路上，看到一排从意大利来的酒桶里边有一层红色硬壳，便敲下一块带回去研究。结果发现，这种硬如石块的凝结物能溶于硫酸，变成晶体状的透明物，这种透明晶体能溶于水，且有一股酸味，能作治病的药。他把这种药叫作"酒石酸"，并因此名气大振，成为了一名化学家。那时他只有 25 岁。

舍勒并不满足于此时的成就，转向研究当学徒时非常熟悉的"黑苦土"，想知道它到底是什么物质。

舍勒先把"黑苦土"和盐酸混合在一起加热，只见从混合物中冒出一阵刺鼻的气味，这种气体略呈绿色，他便称这种气体为"氯气"。这时候"黑苦土"已经变成了白色的物体。

后来人们在发现金属锰之后，才知道"黑苦土"原来是二氧化锰，白色的物体是氯化锰。

舍勒又把"黑苦土"和更强的酸硫酸混合再加热，结果冒出的是一种无色的气体。这种气体很活泼，能使火燃烧得更旺。于是舍勒把这种气体收集在猪尿泡里，以便日后继续研究。

在以后的研究中，舍勒惊奇地发现：加热硝酸镁、碳酸银或碳酸汞时，都会泄出同样特点的无色气体，而且这种气体在空气中也大量存在，是万物赖以生存的"活命气体"。得出这个结果后，舍勒正式把这种气体命名为"氧"，并在 1777 年出版了一本关于氧气的专著——《论人与空气》。

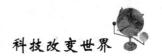
# 不锈钢之父

不锈钢餐具明亮光洁，美观耐用，已逐渐开始取代传统的铝制品。然而，你知道不锈钢是怎样发现的吗？你大概不会想到它竟是垃圾堆里的"明星"吧！

第一次世界大战期间，英国著名的金属专家哈里·布诺雷被应邀调查解决枪管锈斑问题。战争需要大量枪支，但是由于技术条件的限制，当时的枪容易生锈，寿命短，因此，他想研制一种不易生锈的合金钢，但多次试验都未获得理想的效果。有一次，他把铬掺入到炼钢的原料里，新材料出来后，外表亮闪闪的，十分吸引人，他高兴地把这种钢制成了枪管。可惜，第一次射击就"粉身碎骨"了，因为这种钢太脆了，他非常沮丧地把这些碎片扔进了垃圾堆里。

几周后，布诺雷从垃圾堆旁走过，在锈蚀的废铁堆中发现了几块熠熠发光的金属碎片，走近一看，竟是那几块掺入铬的钢管碎片。这一发现使他十分惊喜，他急忙拣回这几块"宝贝"，经实验分析发现，这些铬钢在一般情况下不大会生锈。于是，不锈钢就这样诞生了。

布诺雷发明的不锈钢虽然不能做枪管，但他把这一发现介绍给了一家餐具厂，生产出各种不锈钢刀、叉等，使不锈钢顿时名声大噪。从此，人们敬佩地称布诺雷为不锈钢之父。

# 最理想的燃料

　　汽车、飞机等现代交通工具都用汽油作动力燃料，可是汽油在内燃机里并不能完全燃烧，而且燃烧之后产生的有害废气又严重地污染大气。科学家经过长期研究，认为氢才是一种最理想的燃料。

　　水是氢的"仓库"，用电解的方法，可以把水中的氢和氧分离出来。如果把氢和氧重新混合燃烧，就会产生3000℃的高温。燃烧后生成的水对人类也不会产生污染，所以氢是最清洁的燃料。

　　氢又是热效率最高的燃料。同汽油相比，重量相等的氢在燃烧后产生的能量多，氢气在空气中燃烧的速度比汽油要快十倍以上。

　　以氢气作为燃料的最大困难是它不易贮存。氢在零下259℃以下才能变成固体。液态氢必须保存在零下253℃低温中，稍微提高一点温度，就会沸腾，到零下239.9℃，液态氢极易挥发和气化。科学家已经想出了不少贮存的办法，但要把它变成汽车和飞机的燃料，仍有不少困难。

　　科学家还在考虑另一种比普通氢更好的燃料，它是氢的孪生兄弟——重氢，学名叫氘。从水中电解出来的氢有万分之二是氘。每50吨水可电解产生5吨氢，其中有1公斤是氘，它在发生核反应时，能产生1.8亿千瓦的能量，相当于10公斤铀或2万吨煤所产生的能量。假如人工能够控制氘的核反应，那么氘便是取之不尽用之不竭的永久能源。

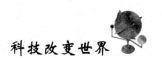

# 化肥之源

　　氮是肥料三要素（氮、磷、钾）中首要一员，庄稼离不开氮。空气中虽有约五分之四的氮气，可惜不能直接被植物当作氧料吸收。

　　100多年前，化学家就设想把空气中的氮变成肥料。直到1908年，德国化学家哈柏才找到了用氮气和氢气直接化合生成氨的方法，也就是现在合成氨工业中的"哈柏法"。这种方法必须在高温高压下，才能把氮气和氢气经过催化而合成氨。

　　后来，人们从豆科植物的根瘤菌中得到启示，试图找到一种化合物，让氮气在常温常压的条件下，轻而易举地变成氮肥供植物吸收。

　　十多年前，我国科学家卢嘉锡在研究固氮酶固氮活性中心的结构模型方面取得成就。根据卢嘉锡教授的理论模型合成出的化合物，具有将氮气合成氨的能力，这项成果使我国在化学模拟生物固氮的研究上，达到了世界先进水平。

　　为什么豆科植物的根瘤菌能把氮气变成氮肥呢？十多年前，科学家从固氮微生物体内分离出固氮酶，对固氮酶的两种蛋白质——钼铁蛋白和铁蛋白进行了研究，才弄清了"庐山真面目"：只有这两种蛋白同时存在，固氮酶才有固氮能力。于是，科学家向固氮微生物学习，研究固氮酶的活性中心模型，以便让"模型物"像固氮菌一样，能够在常温常压下，把氮气源源不断地制造成氨。

　　生物固氮已成为"热门"课题。科学家们一方面要制造出一种能够在温和条件下合成氨的化合物，另一方面又想使其他植物像豆科植物那样自身具备固氮的能力。日本科学家发现了一种具有固氮能力的野生水稻，再用其他固氮遗传基因植入野生水稻，使其因固氮能力一下子提高三倍。

# 银的特征

古时候，人们就知道用银确定盛牛奶等食物，可以保存较长的时间不变质。因为银子也会"溶解"于水，当食物同银碗接触以后，食物中的水就会使极微量的银变成银离子。银离子的杀菌能力相当强，每升水中只要有一千亿分之二克的银离子，就足以叫细菌一命呜呼了。

银离子的杀菌功能，还可以用在消毒和外科救护方面。古埃及人就已经知道，用银片覆盖伤口有疗效。后来又有人用"银纱布"来包扎伤口，治疗皮肤创伤和难治的溃疡，有时会收到很好的效果。现代医学中，医生常用1%的硝酸银溶液滴入新生儿的眼睛里，以防治新生儿眼病。驰名中外的中医针灸，最早使用的就是小小的银针。

银的化学性质很稳定，不会与氧气直接化合。银器表面发黑，一般是遇到了硫化氢，生成黑色的硫化银的缘故。古银器长期与空气接触，在空气中极微量的臭氧作用下，也会失去光泽。

银还有许多用处，它作为良好导体可以制作导线；电镀、制镜、摄影等行业也十分需要它。

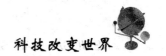

# 黄金的特性

黄金是延展性最好的金属。1克金可以拉成长达400米的细丝。如果用300克黄金拉成细丝，可以从南京出发，沿着铁路线一直延伸到北京。一吨黄金拉成的细丝，可以从地球到月亮来回五次。

黄金也可以压成比纸还薄得多的金箔，厚度只有五十万分之一厘米。这样薄的金箔，看上去几乎是透明的，带点绿色或蓝色。薄到一定程度的黄金，既能隔热，又能透光，所以黄金薄膜可以用作太空人和消防队员面罩的隔热物质。在冬季利用黄金薄膜把太阳辐射中的热射线反射到室中，室内就温暖如春；夏季，在房屋的玻璃窗外，贴上一层黄金镀膜，可将太阳的绝大部分热反射出去，室内不会闷热。

虽然黄金有这么多优点，但是也有不少缺点。比方说，质地软、价格贵、色泽单调。如果黄金同其他金属结合起来，做成黄金合金，既能弥补不足，又使性能更加优良。现代的黄金合金已广泛应用于火箭、超音速飞机、核反应和宇宙航行等工业中。此外，用黄金合金制成的金币、金首饰也深得人们的喜爱。我们平时看到22K、18K金首饰，都是含有不同分量的黄金合金。

用黄金做成的合金，会变成金黄色、红色、玫瑰色、灰色、绿色，一直变到白色。绿色的金合金中含有75%的金、16.6%的银和8.4%的镉。有一种金铜合金，称作红铜；一种金银合金叫红银。这两种合金用盐溶液处理后，就出现紫色或者浅蓝黑色。

在地壳里金的含量不算少，据估计，大约占地壳的一百亿分之五，但是都很分散，真是"遍地有黄金"！另外，太阳周围灼热的蒸气里有金；陨石里也有金；天上还真有"长满金子"的星星；海洋中金的含量十分丰富，是个"大金库"。

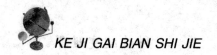

# 脾气古怪的二氧化碳

二氧化碳有个怪脾气，如果它在空气中有浓度超过5%，就会刺激人的呼吸中枢神经，使呼吸量增加两倍，并且有不舒服的感觉。随着现代工业的发展，从工厂排放出来的二氧化碳越来越多。有人认为，大气中二氧化碳增加，像厚厚的棉花胎覆盖着地面，使地面不断吸收太阳光，地上的热又无法散发出去，地球就会像一座大温室，可能给人类造成许多灾害。所以，二氧化碳常被人看作是"废物"，甚至当作危险的"敌人"。

现在，科学家已证实，二氧化碳也可以对人类作出大贡献。首先，二氧化碳是植物进行光合作用的原料。在光的作用下，二氧化碳加水可以转换成碳水化合物和氧气，因此，在广阔的田野上施放二氧化碳就是理想的气体肥料，这是当代生物工程中的一个重要内容。同时，科学家正在研究人工合成叶绿体，一旦研究成功，水可通过它制造出氢和氧，再用氢把二氧化碳还原成甲醛（$HCHO$），最后将甲醛合成为糖类（$HCHO$）$_n$。此外，二氧化碳通过光合作用，还能变成羧酸、油脂、氨基酸等，这样，宇航员利用自己呼出的二氧化碳，加上一定量的水，就可以在太空生产粮食了。其次，给二氧化碳一些电子和能量，它会是"活泼"起来，能参加许多化学反应，生产出甲醛、乙烯、甲酸、甲醇等化工厂品。例如，早在1913年，就有科学家用α射线照射二氧化碳和氢的混合气，得到了甲醛。

科学家已经为二氧化碳找到了新用途，"废物"也可变成有用的东西。

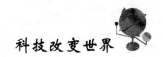

# 原 子 量

构成万物的小小原子，究竟小到什么程度？中国古代有位叫公孙龙的说过："一尺之棰，日取其半，万世不竭。"意思是说，有根一尺长的木棍，每天把它截去一半，一万代也截不完。

如果确实有这样的工具，能一直截下去的话，那么，一尺木棍每天截去一半，到第三天只剩下八分之一尺；第十天只剩下一千零二十四分之一尺；到第三十天，剩下十亿分之一尺，这时木棍已经比纤维素分子还小了；到第三十二天，只剩下四十亿分之一民主党派，相当于原子大小了。科学家发现，不同的原子，大小也不同。原子的直径一般是一亿分之一厘米，或三十亿分之一尺。打个比方，一个最小的细菌里面大约可以容纳 20 亿个原子！

这样小的原子，有多重呢？虽则原子的种类不同，大小各异，重量也不同，但是科学家已经测出各种元素的原子重量，只不过数值太小，写起来太麻烦。例如，如果以克为单位，那么一个碳原子的重量是小数点后面 22 个 0，才接上以克计的小数。这好像用大的磅秤来称一粒芝麻那样，很不恰当。因此，科学家规定：以一个碳原子（指碳 – 12）重量的十二分之一为标准，其他的原子重量同这标准相对照得出相对重量，称为这个原子的原子量。就是说，用一种原子的重量，来衡量另一种原子的重量，两种不同原子重量的比，才是原子量。所以，原子量是没有单位的。例如氢的原子量等于 1，碳是 12，氧是 16，钠是 23 等等，这在化学计算方面很有用。

# 不容易生锈的铝

铝并不是不会生锈，而是生了锈以后不会像铁一样继续"锈"下去，直到全部"锈"完为止。

铝遇到空气后，与空气中的氧发生化学反应，生成一层氧化铝，这就是"铝锈"。铝锈紧紧地贴在铝锅的表面，使内层的铝和外界的空气隔绝开来，这样，铝就不会继续生锈了。所以，铝的表面看上去总是灰蒙蒙的，其实正是这层灰蒙蒙的铝锈才使铝不容易生锈的。

为了防止铝生锈，应该保护好这层氧化铝薄膜，不要让它接触酸或碱。因为氧化铝与酸、碱反应生成的化合物会脱落，使内层的铝暴露在空气里。所以，根据这个道理，最好不要把菜肴较长时间盛放在铝制的器具里，因为菜肴中往往含有酸碱的成分。另外，千万不要因为铝锅不光亮而用砂子去擦，这样会把氧化铝擦掉，起不到保护作用了。

# 最轻的金属用处大

如果有人说，有一些金属可以用刀片轻易地切开来，你可能不相信。可是，确确实实有这样一些金属，锂就是其中的一种。

锂是金属中最轻的一种金属，具有耀眼的银白色，一碰到空气，它那美丽的表面，就会黯然失去光泽；在水里，它与水化合，放出氢气；它还能像火药那样燃烧。这金属碰不得空气，又碰不得水，有什么用呢？

从前大家都看不起它，因为它既轻又软，还容易氧化，认为它简直没有用处。可是爱迪生没有放过它，他把锂的氢氧化合物，用在电池的电解液中，使得电池的性能大大提高了。这种电池，在第一次世界大战中，成为潜水艇不可缺少的用品。

锂有几种同位素，锂[6]和锂[7]的化学性质几乎相同，可是用途却完全不同，锂[6]用于尖端技术，锂[7]却在一般的工农业部门服务。

氢弹或原子弹里的原子雷管，必须包一层厚厚的锂[6]，以便控制反应过程。

机器在运转时，需要经常添加润滑油，为的是一方面能够保持机器的运转灵活，另一方面减轻机件的磨损。可是一般的润滑油在高温、低温之下，或者受到水浸时，往往会受影响。

如果使用锂[7]合成的润滑材料，

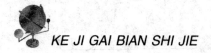
就能经受一般润滑油经受不住的外界影响，例如能够经受从 -50℃到160℃这样大的温差。

我们饭碗上那层亮晶晶的釉，搪瓷器皿上的珐琅，它们的原材料里都含有锂，因为锂能降低釉和珐琅的熔点，缩短煅烧的时间，而且使器物表面光滑均匀。电视机的荧光屏中就含有锂，因为那是锂玻璃做的。

在农业上，锂能提高某些植物的抗病能力，例如小麦最容易得锈穗病，番茄最容易腐烂，如果及时用锂盐作肥料，就能防止植物发生这类毛病。

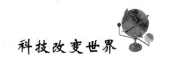

# 预示天气的花

　　你会做一朵预示晴雨的花么？用一种名叫氯化钴的化学药品的水溶液将白纸浸透，晾干，然后随意做成一朵花，就成了最简单的晴雨花了。晴天时它是浅蓝色的，阴雨天时它就变成粉红色的，多有意思啊！

　　为什么这种花会变颜色呢？因为氯化钴在无水时是蓝色的，吸收水汽

氯化钴

以后，就生成了含水的晶体，它是粉红色的。晴天时，空气干燥，含水的晶体自动脱水，花朵呈蓝色；阴雨天，吸水变红。氯化钴的这种特性又被用来做变色硅胶。硅胶是一种普遍使用的干燥剂，照相机、望远镜、各种化学仪器都喜欢用它来做保护剂，因为光学镜头最怕受潮生霉。用氯化钴浸过并烘干的变色硅胶可以吸收仪器周围的水汽，使空气干燥，保护光学镜头不受潮。硅胶自己吸潮后，由蓝色变成粉红色，这时，就要更换干燥的硅胶。把受潮的硅胶放在烘箱里，用稍高于一百度的温度烘去水分，硅胶便重新变蓝，又可以重复使用了。硅胶作干燥剂的一个显著优点是：它不会分解出有毒的、腐蚀性的气体，而且比较便宜。现在，人们已开始利用它保持食品的干燥和松脆。

# 五彩缤纷的发光塑料

塑料是不会发光的，然而，如今人们制成了一种发光塑料，它能射出浅绿、淡蓝色的柔和的光。

其实，这种发光塑料并不神秘：只不过在普通的塑料中，掺进一些放射性物质与发光材料。常用的放射性物质有碳$^{14}$、硫$^{85}$、锶$^{90}$以及铀、钍等放射性元素的化合物，放射性物质能不断地发射出射线，不过，放射性射线是不可见的光线，肉眼看不见。人们往里面加入硫化锌、硫化钙等发光粉，这些硫化物在放射性射线的照射下，能够被激发而射出可见的光——冷光。这，就是发光塑料能不断发光的缘故。

发光塑料有着许多奇妙的用途。

用发光塑料制成门上的把手，夜间，人们回家时，就能很方便地找到家门；用发光塑料制成的电灯开关、电铃按钮、火柴盒、电话拨盘，给人们在夜间带来不少方便。

在电影院、剧院里，用发光塑料制成座位的号牌，迟到的观众可以很方便地找到自己的座位。用它制成街道路牌、航标、路标、汽车驾驶室里的仪表，也非常合适。

在军事上，军用图纸、仪表、大炮瞄准器上的刻度盘，如果都用这种塑料来制造，夜间射击时就用不着照明设备了。

# "不翼而飞"的樟脑

人们常常在衣柜里，放进白色的樟脑丸，以防止羊毛衣物被虫蛀。

在热带和亚热带，有一种身材魁梧的大树，叫做樟树。樟木箱，就是用樟树的树干做的。我国的台湾盛产樟树。江西、湖南和浙江也有许多樟树。樟树的木头挺香。人们把樟木锯碎，用热的水蒸气进行蒸馏，制得芳香的樟油。樟油再经提纯，就制得白色的樟脑。纯净的樟脑，是白色或无色透明的棱形晶体，很香。

你看见过碘的晶体吗？它是灰黑色的结晶。在晶体四周，总是罩着一层紫色的"云"——碘的蒸气。原来，碘虽然是固体，但与酒精、水等一样，很易挥发，变成蒸气。所不同的只是：碘可以不经液态直接变成蒸气，这在化学上叫做"升华"。

樟脑与碘一样，也很易升华。在樟脑丸周围，常有一团云——樟脑蒸气。只不过樟脑蒸气是无色的，眼睛看不见罢了。然而，它具有特殊的香味，鼻子倒可以"侦察"到它的存在。

樟脑，无时无刻不在升华。在摄氏100度时，一颗樟脑丸，一会儿就"不翼而飞"了。在室温下，要挥发得慢一些。不过，日子久了，樟脑丸渐渐地变成蒸气飞到空气中去，最后也就"不翼而飞"了。

在衣柜、衣箱里，常常暗藏着敌人——蠹鱼，它专爱吃羊毛衣物，一件好端端的羊毛衣，收藏得不好，往往会被它咬成许多小洞洞。人闻了樟脑蒸气感到很香，蠹鱼闻到了就受不了。因为樟脑是很强烈的驱虫剂。这样，在衣橱、衣箱里放了樟脑丸，蠹鱼就不敢来了。

同样的，用樟木做成的樟木箱，因为樟木中含有许多樟脑，即使不放樟

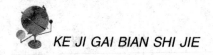

脑丸，蠹鱼也不敢爬进去。

不过，樟树不能在北方生长；即使在南方，樟树的生长也较缓慢，提炼天然樟脑的樟树，树龄要在几十年到一百年以上，因此，天然樟脑的产量是很有限的。而樟脑又是重要的化工原料，在制造赛璐珞塑料时，就要用它作增塑剂。聚氯乙烯塑料里用了它，透明度就大大提高。医药工业上，它又是强心剂、兴奋剂。在军事工业中，它还有重要用途。这样，随着现代工业的发展，天然樟脑显然就供不应求了。

第一次世界大战期间，人们发明了合成樟脑。合成樟脑是用松节油作原料，经异构、酯化、皂化、脱氢等很多步化学反应制成的。由于合成樟脑的性质、气味与天然樟脑相近，同样具有驱虫作用，人们就用它来代替天然樟脑。现在，市场上卖的"樟脑精"或"精制樟脑"，大多是合成樟脑做的。

最近几年，人们又从煤焦油里提炼出萘来作樟脑的代用品。因为萘具有近似于樟脑的气味，易挥发，能驱蠹鱼，也能防蛀虫。大约从一吨煤里，可提取 3~4 公斤萘。通常，往往还在萘中加入二氯化苯，加强驱虫能力，这种"樟脑丸"，人们常称它为"卫生球"，略带黄色。萘很便宜，而且驱虫能力强。美中不足的是由于一些萘球提炼不纯，常常会在衣服上留下油迹；还有的含有一些苯酚、甲酚等，会使衣服沾上棕色斑点，因此，在使用时，萘球应用纸包好（最好用小布袋），夹在衣服中。

樟脑与萘，可用它们不用的熔点来判别：天然樟脑与合成樟脑的熔点都在摄氏 170 度以上，而萘的熔点仅为摄氏 80 度左右。此外，萘的气味不如樟脑那样清香。天然樟脑与合成樟脑又怎么区别呢？两者在物理、化学性质方面几乎都相同，仅有一点不同：天然樟脑是有旋光性的，而合成樟脑则无旋光性。

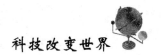

# 透光本领最强的水晶

在阳光下，沙子在向你顽皮地眨着眼睛——沙子里有不少无色透明的小颗粒，它那光溜溜的表面像一面面小镜子，强烈地反射着阳光。

那小颗粒叫做石英，化学成分是二氧化硅。沙子里的石英通常很小，大块的石英晶体则非常漂亮，呈六方柱状结晶，被人们称为"水晶"。纯净的水晶是无色透明的，闪闪发亮。如果夹有杂质，就带有颜色，如著名的烟晶、紫晶、墨晶等。

天然的大水晶并不多见，最大的天然水晶有一个人那么高。如四川娥眉山上的一个寺院，就是用两块将近 2 米高的巨大水晶来当庙门的。现在，人们已学会用石英制造"人造水晶"：从沙子里选出洁净、无色的石英，加热到将近 2000℃，使石英结成透明如水的单晶体——"人造水晶"。如果把石英熔融，就得到半透明或不透明的非晶体，通常称为"石英玻璃"。

你知道吗，最早的眼镜片就是用天然水晶做的。现在很多光学仪器的镜头，有的是用天然水晶做的，也有的是用人造水晶做的。做一副水晶眼镜可不容易：水晶十分坚硬，但又不能用硬东西去把它磨成镜片，否则会在镜片上留下许多磨痕，像块磨砂玻璃，戴上去怎能看得清楚呢？眼镜工厂里是用水浸润的金刚砂，从粗到细，慢条斯理地磨呀，磨呀，才磨成所需要的形状，最后用呢布和氧化铁红粉研磨光亮，使镜片依然晶莹明净、毫无瑕疵。

"水晶眼镜"比普通玻璃眼镜好，因为水晶的透光本领"冠盖群雄"。戴了"水晶眼镜"，看东西比普通眼镜更为清晰。由于水晶具有耐高温、热膨胀系数极小、耐磨、不易擦毛、不易受酸碱腐蚀等性能，所以它又是制造精密仪器的好材料。

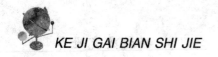
# "万能胶" ——环氧树脂

胶水对我们来说并不陌生。胶水又称胶粘剂，通常为一些高分子物质的胶液。人们最早使用的天然胶粘剂有动物性的鱼胶、骨胶，植物性的淀粉糨糊等。随着科技的发展，以合成树脂、橡胶为主的胶粘剂纷纷涌现，胶粘剂的种类和用途都得到了广泛的开拓，并在生产上扮演了越来越重要的角色。例如用废弃的碎木屑加入合成胶粘剂后，即可压制成牢固的"刨花板"，用同样方法也可将玻璃纤维制成美观而耐用的"玻璃钢"。在飞机、车辆等制造业中，许多零件的连接也常用到胶粘剂，像人造卫星表面的太阳能电池、一些导弹弹头的装配等等，都要用胶粘剂来连接。

不同的胶粘剂具有不同的特性和使用范围。例如家庭装潢时常用的白胶，主要是用于木材、纸张、泡沫塑料、人造革等的粘接。白胶的主要成分是聚醋酸乙烯酯，因为呈乳白色而得名为白胶。白胶在室温下可固化，有较好的粘接强度，但它不宜用于胶粘橡胶、金属、玻璃等物品。如要粘接橡胶制品，则应选用酚醛－氯丁橡胶胶水，这种胶水初粘力强，使用方便，还适合粘接多种金属材料和非金属材料。所以它又有"强力胶"和"百得胶"的美称。

当你要粘补一件玻璃品或瓷器时，普通的胶水就不能胜任了。这时可选用环氧树脂胶。环氧树脂胶是双组分的胶粘剂，适合家庭用的胶剂通常分别装于两支软管中，临使用时才混合。它的甲液是环氧树脂和苯二甲二丁酯（增塑剂）的混合胶液，乙液是乙二胺（固化剂）胶液。使用时按一定体积比混合均匀，涂于物件需粘接的部位表面，并略微施加压力，2个小时后即可固化。

环氧树脂胶的最大特点是粘合强度很高。由于它的分子中含有很活泼的环氧基，能与多种物质表面的一些原子反应，从而形成很强的结合力，所以环氧树脂不仅可以用来胶粘各种金属、塑料及混凝土等，还可用来粘接玻璃、瓷器、陶器等物件。为此，人们给它起了个"万能胶"的美名。万能胶不仅在生活中颇受人们的青睐，而且在生产上也有着广泛的应用，常被用来粘接金属的结构件，所以又称为结构胶。

使用万能胶要注意保持被粘接物体表面的清洁，如有油腻、尘土、锈斑等，都必须预先清除干净。如单独使用万能胶的甲液或乙液，都不会有理想的粘接效果，其中的环氧树脂呈液态，不加入固化剂，它就不会干燥。但是一旦将甲、乙两液混合了，就应立即用掉，因为这种混合胶体很快就会变硬而失去粘接作用。

# "回潮"的生石灰

生石灰（氧化钙）是由含有大量碳酸钙的石灰石经过煅烧而成的。煅烧好的生石灰是一大块、一大块的，像石头一样，可是放些日子，你再去看它，就认不得了。它变了样，成了白色粉末。

你买来极松脆的饼干，让它随便放在空气里，过不了一两天，有时甚至过不了几个钟头，你去吃它，它就不再那么松脆了，甚至会变得软软的，我们说饼干"回潮"了。为什么饼干会"回潮"？因为它吸收了空气中的水分。

生石灰当然不是饼干，它是氧化钙，可是它也会"回潮"，就是说它也要吸收空气里的水分；不光是水分，它还要吸收空气里的碳酸气哩。

生石灰的"回潮"不像饼干那样单纯，饼干"回潮"以后，只是变得软些，还不失为饼干；生石灰"回潮"以后，连它的化学成分也变了，这时候生石灰和水反应，生成了氢氧化钙（熟石灰），同时，还与碳酸气反应变成了碳酸钙。这个变化的过程缓慢而且均匀，结果使得生石灰慢慢地化开来，成为细细的粉末，体积也膨胀开了。这种变化的情况，很有点像岩石风化而成泥砂。

生石灰能吸收水分的这个特点，我国民间广泛地应用于防止食品"回潮"，比方说饼干、香糕、茶叶、药物等等极容易受潮的东西，把它们藏在放有生石灰的盛器里，外界空气里的水分，首先被生石灰吸收了，这些东西就无"潮"可受了，甚至这些东西本身的"潮"气，也会被生石灰吸去，而变得干燥起来。

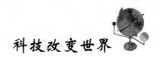

# 闪闪发光的紫药水

紫药水能杀菌消炎，对细胞组织没有刺激性，并有收敛作用，因此遇有皮破化脓或伤口渗水出来时，可以搽上一点紫药水，也可以用来治疗脓疱疮、小儿口疮等疾患。

你会用紫药水，你可知道紫药水是什么东西吗？

紫药水实际是一个笼统的名称，甲基紫溶液、龙胆紫溶液和晶紫溶液，都称紫药水。

甲基紫、龙胆紫、晶紫又是什么呢？提到它们的成分的名字，可真别扭极了。甲基紫的成分是"氯化五甲基对玫瑰苯胺"和"氯化六甲基对玫瑰苯胺"的混合物，以前者为主要成分。

龙胆紫也是上述两种化合物的混合物，但以后者为主要的成分。

晶紫呢？它却是纯粹的"氯化六甲基对玫瑰苯胺"。

三种紫药水的药理性能，基本上是相同的，可以通用。平时用得最多最广泛的紫药水，是龙胆紫溶液。

使用过紫药水的人，都知道干后的紫药水，表面会发出闪闪的光辉。

为什么这么有趣呢？

原来它们在没有溶入水中以前，都是深紫色有金属光泽的粉末或片状晶体。溶入水中后，变成紫色的溶液，这就是紫药水。紫药水中的水分蒸发干了，它们就显出原来真正面目的特色——闪闪发光的紫色。

# 会飞的碘

你一定用过碘酒，碘酒就是碘在酒精里的溶液，它比纯酒精的杀菌能力大得多，所以，大夫在给你打预防针时，常常给你先擦上一点碘酒，这样，皮肤表面就彻底消毒了。在空气中，碘酒里的酒精先挥发，留下一片黄印，这就是碘；然而，早上的黄印到了下午往往就不翼而飞了，这是为什么呢？因为碘是个与众不同的非金属元素，它能直接变成气体跑掉，这种固体物质不经过液态而直接变成气态的现象叫做"升华"。凡是能升华的物质，也会由气体直接凝结成固体。利用碘的这个特性，我们可以提炼出很纯净的碘。

现在，请你看这样一个实验，把不太纯净的粗碘放在一个圆底烧瓶里加热，瓶口套进一支盛着冷水的玻璃试管，试管和瓶口之间有缝，可以剪块硬纸板盖住。用酒精灯加热烧瓶，不一会儿，试管下方就开始出现紫色的有金属光泽的碘晶体。它们长得像麦芒似的有棱有角，这就是经过升华提纯了的碘，黝黑紫亮，透着精神。

纯碘的蒸气是深蓝色的，不过这有一个条件，只有不混杂空气时才是深蓝的；平时，我们不太可能见到真空中的碘，我们见到的都是跟空气待在一

起的碘，它是紫色的；碘的希腊文原意就是紫色。碘在酒精里是棕黄色的，这是因为溶解它的酒精和它结合成这种颜色的溶液，汽油之类的溶剂与碘之间就没有这种结合，所以碘分散在汽油中时发出紫色的光亮。

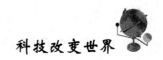

碘的用处很大。

在农业上，常用的除草剂和农药中，碘是不可缺少的元素之一，用含有碘化物的饲料，可以提高营养价值。用它喂奶牛，产奶量就会增加；用它喂绵羊，羊毛又密又长；用它喂鸡，可以多生鸡蛋；用它喂猪，可以催肥……

碘也是人体中不可缺少的元素，它能调节人的生长发育和能量供应，在人体中，它集中在一个叫"甲状腺"的部分，碘对人身体的作用是通过甲状腺来实现的；一旦人缺少碘，就会得大脖子病——甲状腺肿。于是，大夫就会给这样的病人吃一些含碘的药；并嘱咐他多吃海带、紫菜、葱头、大葱和海鱼等等，因为这些食物里含丰富的碘。

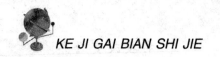

# 性格迥异的同胞兄弟

你也许不曾想到，黑黝黝的石墨和亮闪闪的金刚石是同胞兄弟，都是存在于自然界中的纯碳，只是它们的相貌和性格大不相同。

石墨的质地非常软，只要在纸上轻轻一划，就留下灰黑色的痕迹，铅笔芯就是用石墨制造的。金刚石是所有矿物中的硬度"冠军"：玻璃商店的营业员用镶着金刚石的刀来切割玻璃，无不"迎刃而解"；钻探机的钻头上镶着金刚石，这能大大加快它向地下钻进的速度；金刚石刀具有可以用来加工最硬的金属。

石墨和金刚石都是碳家族的成员，为什么它们的硬度相差得如此悬殊呢？

原来，石墨分子中的碳原子是成层排列的，每层原子之间的结合力很小，就像一副叠起来的扑克牌一样，很容易滑动、散开。而金刚石的碳原子却是交错整齐地排列成立体结构，每个碳原子都紧密地与其他 4 个碳原子直接连接，构成一个牢固的结晶体，因而显得特别坚硬。

天然金刚石产量很少，一般都隐居在地球深处，只有在非常高的温度和巨大的压力之下，地下熔岩里的碳，才有可能经过天然结晶的过程形成贵重的金刚石。由于天然金刚石产量少，价格昂贵，所以，人们通常就利用高温高压来制造人造金刚石。

计算证明：碳在平常压力下的稳定体是石墨，而金刚石必须在 2000℃高温和 $5.065 \times 10^7$ 百帕（5 万个大气压）以上的高压时，才达到稳定状态。近年来，人们已在类似条件下，把石墨变成了金刚石。

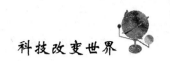

# 懒惰的气体

氦、氖、氩、氪、氙、氡六种气体，叫做惰性气体。说实在的，它们"懒"得也的确有点出奇，它们很难与别的物质作用，生成真正的化合物。直到近些年来，人们想尽了办法，才制出了氙、氪、氡的氟化物，以后又制得了二氧化氙、三氧化氙等化合物。1972年，甚至还制得了氙与金属的化合物。当然，新的化合物还可能继续被制得，但是无论如何，惰性气体还是以"懒惰"闻名的，因为它们对多数物质仍是不理不睬的。

这究竟是什么缘故呢？要揭开这个谜，就得从原子构造的"内幕"说起。

任何物质都是由原子组成的，原子又是由原子核和围绕着原子核旋转的电子组成的。不同物质的原子，它们拥有的电子数目是各不相同的。比如26号元素铁，它所拥有的电子数目，就等于铁元素的原子序数，它的原子也就拥有26个电子；而79号元素金，它的原子拥有79个电子；而近年来发现的107号元素，就拥有107个电子。

不过这些电子，并不是乱七八糟地堆在一起，而是有条不紊地按一定的规则，一层一层地分布在原子核周围的。而且每一层该有多少个电子最稳定，是有规定的，最外一层该有几个电子才最稳定，也有规定。对于多数原子来说，最外层有8个电子时是稳定结构。氢和氦以2个电子为稳定结构，还有一些其他原子是以别的数目为它们自己的稳定结构。

可是事实上，原子最外层的电子，却常常不恰好是稳定结构，所以只要有机会，它们总是会想出各种巧妙的方法，使最外层的电子数目能成为自己的稳定结构。比如氯原子最外层的电子是7个，而对氢原子来说，8个电子才是自己的稳定结构，因此当两个氢原子组成分子时，每一个氯原子都拿出一个电子作为双方公用，这样一来，氯分子中的每一个氯原子，最外层就都成为自己的稳定结构了。

在适当的条件下，各种元素相遇时常常会彼此化合，变成化合物，其实，这也是为了满足各种原子都能变成最外层电子是稳定结构的一种手段。比如氯原子最外层是 7 个电子，而钠原子呢？最外层只有 1 个电子，最外的第二层是 8 个电子（钠的最外层也是以 8 个电子为稳定结构），因此当氯原子一有机会碰上钠原子，氯原子就会想夺取钠最外层的那一个电子，而钠原子也巴不得把自己的这一电子送掉，这样当氯和钠一结合，就变成氯化钠（食盐），里面的氯原子和钠原子也都满足了自己最外层是 8 个电子的稳定结构。

当电子一层一层排布时，排到最外一层恰好正是自己的稳定结构的机会有没有呢？当然有的。氦、氖、氩、氪、氙、氡这六种惰性气体，除了氦是以 2 个电子为稳定结构以外，其他五个惰性气体都是以最外层有 8 个电子为稳定结构的。而事实上惰性气体最外层的电子数目，恰好氦是 2 个，其他都是 8 个，也就是说，它们原来都已经是稳定结构，当然，它们也就不大想和"别人"进行化合了。